나는 소유의 삶을
살기로 결심했다

● 회사 밖에서 살아남기 위한 머니 파이프 라인 구축기 ●

나는 소유의 삶을 살기로 결심했다

책세상

궁극의 자유는 직장 밖에 있다

2023년 여름, 6년간 다닌 대기업을 퇴사했다. 이후 여러 개의 직업을 얻었다. 나는 유주택자이면서 법인으로부터 월세를 받는 상업용 건물 소유주다. 또 무인 아이스크림 매장을 3년 넘게 운영하고 있는 사장이기도 하다. 가끔 강연을 다니거나 글을 쓰기도 하니, 작가이기도 하다. 그렇게 지금은 기존에 다니던 대기업 월급보다 몇 배의 돈을 벌고 있다. 원하는 곳으로 출근하고, 직장 상사의 지시는 더 이상 받지 않는다. 어느 순간부터 대기업 직장 명함 하나로 정의되지 않는 삶을 살고 있다. 나는 지금의 내 삶이 꽤 마음에 든다. 여러 직업과 정체성을 얻으며 이

전보다 더 자유로운 삶을 살고 있다. 이 책은 지금의 자유로운 삶을 살기 위해 그동안 펼친 나의 실험과 그 결과에 대해서 쓴 것이다.

어려서부터 틀에 박힌 삶에서 벗어나 자유로워지고 싶었다. 당시는 내가 꿈만 꿀 수 있도록 주변 환경이 뒷받침이 되어준 시기였다. 따라서 스스로 '돈'과는 정말 무관한 사람이라고 믿었다. 돈보다는 꿈과 커리어가 중요했기에 대기업 입사는 특별하고 소중한 경험이었다. 500:1의 경쟁률을 뚫고 대기업에 합격하자 치열했던 20대 초중반 시절의 노력을 보상받는 기분이었다. 그 이후 글로벌하게 전 세계를 무대 삼아 꿈을 펼치는 멋진 커리어를 쌓는 것이 목표가 되었다.

하지만 입사의 기쁨도 잠시였다. 건강했던 아버지가 긴 투병 생활을 시작하면서 평범한 삶에 갑작스레 위기가 찾아왔다. 안정적인 직장은 나에게 아무 일이 없을 때만 존재하는 것이었다. 나 자신이나 사랑하는 사람의 신변에 문제가 생겼을 때 직장은 안전한 울타리가 되어줄 수 없었다. 안정된 직장이라는 의미에는 대전제-'지금 내 상황이 별 탈이 없고, 미래에도 그러할 것이다'-가 필요하다. 그러나 이 대전제가 흔들리면, 직장은 한낱 신기루와 같은 것이었다. 당시 내 나이가 서른이었다. 아버지가 아플 때 옆자리를 지키는 것 밖에는 할 수 있는 것이 아무것도 없었다. 나 자신에게 가장 슬프고 화가 났던 순간이 있었다. 아버지가 위중한 상황이라 휴직을 해야 함에도 섣불리 결정을 내릴 수 없었다. 갑자기 닥친 위기 속에서 가족들의 생계도 책임져야 했다. 미련하게도 대기업 타이틀만 믿었다. 자산 공부를 게을리했고, 월급 외 파이프 라인을 구축하지 못했다. 열심히 직장 일만 해왔던 것이 문제였다. 당연히 목표했던 자유로운 삶과는 더 거리가 멀어졌다. 풍전등화처럼 삶이 위태롭게 흔들리는 기분이었다. 서른 살인 나는 닥친 삶을 견디는 것이 힘겹고 버거웠다. 그때 우연히 펼친 책 속의 한 문장이 눈에 들어왔다.

"인생의 어느 순간에도 우리는 성장할 수 있다."

마치 나를 위한 메시지 같았다. 당시 삶이 이보다 더 밑바닥일 수 없다고 생각했기 때문에 앞으로 나 자신이 성장할 수 있을 거라는 생각은 해본 적이 없었다. 이때 위 문장은 많이 지치고 좌절했던 내가 다시 일어나는 힘이 되어주었다. 다시는 지난날의 과오를 되풀이하지 않기로 다짐했다. 열심히 살아왔지만, 열심히만 살았던 것이 문제였다. 시간이 약이라고, 나 자신을 향한 슬픔과 분노의 감정은 점차 누그러졌다. 현실을 인정하고, 대응 방안을 고민하는 방향으로 성장하기 시작했다. 지금 내 삶과 모습이 과거에 한 선택의 결과라면 사실 그렇게 억울할 것도 없었다. 대신 지금부터 노력한다면 앞으로 3년, 5년 후는 충분히 바꿀 수 있을 것 같았다. 마침내 나 자신과 사랑하는 가족 그리고 주변을 지키는 삶, 그리고 마침내 자유로워지는 삶을 목표로 삼았다.

먼저, 내면의 '절실함', 그 감정을 기반 삼아 움직이기로 결심했다. 첫 집을 마련했고, 무인 매장 운영을 시작했고, 상업용 건물을 매수했다. 그 과정을 블로그에 틈틈이 기록하자 나를 만나고 싶어하는 사람들이 많아졌다. 이것은 회사 밖의 사람들을 만나며 응원받고 또 힘을 낼 수 있는 원동력이 되었다. 앞서가는 선배 투자자나 사업가로부터 야생에서도 살아갈 수 있는 다양한 생존 기술을 획득해가기 시작했다.

이 책은 대단한 업적을 이룬 누군가의 글이 아니다. 그것보다는 스스로 생각하는 자유를 얻기 위해 치열하게 고민하고 노력하는 한 청년의 기록이다. 지금 당장 투자를 시작하라거나 퇴사를 해야 한다고 주장하는 글도 아니다. 다만 변화를 결심한 후, 묵묵히 걸어왔던 지난날을 기록하고 싶었다. 돌이켜보니 지난 시간 동안 걸어온 길은 '소유의 삶'이었다. 결심 후 엄청난 변화가 있었다. 첫 집을 마련하자 삶에서 큰 비중을 차지했던 회사는 우선 순위에서 조금씩 밀려났다. 회사와 일보다 더 소중한 것이 생긴 것이다. 대신 앞으로 어떠한 위기가 오더라도 삶의 근간이 흔들리지 않도록 튼튼한 토대를 쌓는 일에 집중할

나는 소유의 삶을 살기로 결심했다

수 있었다. 물론 아직도 그 작업은 진행 중이다.

평범한 직장인에서 한 단계씩 성장해 내게 더 많은 정체성이 부여되었다. 회사원 그것만이 내 삶의 전부가 아니었음을 깨달았다. 이후 완전히 다른 관점으로 삶을 바라볼 수 있었다. 가장 큰 자산은 낙관, 그리고 자신에 대한 믿음이었다. 자산을 소유하는 행위는 스스로 세운 투자 원칙을 확립하고 지켜가는 과정이기 때문이다. 또한 삶에서 당면하는 여러 문제를 내가 직접 결정하고 선택하기 때문이기도 하다. 따라서 남을 원망하거나 세상을 탓할 시간이 없었다.

3년간 열심히 자립할 수 있는 다양한 시도를 해본 덕에 대기업을 나올 수 있었다. 시간이 쌓일수록 더욱 진가를 발휘하는 축적의 삶이 가능해졌다. 회사 밖에서 새 삶을 시작한다고, 지난 커리어와 삶을 부정하는 것이 아니다. 내 삶에 일어난 놀라운 변화로 인해서 지난 과거 또한 의미가 있음을 뒤늦게 알게 되었기 때문이다.

사진심리학자인 신수진 씨는 한 신문사의 칼럼을 통해 다음과 같은 말을 한 적이 있다. 변화란 아무리 대비해도 갑작스럽게 다가오는 것이라고 말이다. 더 이상 볼 수 없는 풍경이 되고 나니 사진 속에 남은 모습이 날이 갈수록 특별하게 보이는 것이며 이처럼 변화가 있기에 과거도 미래도 의미를 찾아가는 것이라고 말이다.

나는 세 가지 사항을 염두하고, 본 책을 집필했다. 첫째, 궁극적으로 자유로워지기 위하여 내가 선택한 방법과 생각을 적는다. 둘째, 진행했던 투자와 급여 외 파이프 라인에 관한 생각을 담아 그 방향성을 제시한다. 마지막으로 단순한 자산, 소득 증대의 결과보다 소유의 삶을 결심하며 얻은 관점과 변화를 기록한다.

무엇보다 미래가 막막하고 오늘이 불안한 당신에게, 우리도 "할 수 있다", "해보자"는 메시지를 전하며 프롤로그를 마친다. 궁극의 자유를 목표로 하는 모든 이들에게 나의 이야기가 용기가 되기를 바란다.

2025년 2월

에디

나는 소유의 삶을 살기로 결심했다

차례

1부

돈보다는 내 꿈이 더 중요하다는 착각

4부

디지털 플랫폼을 활용해서
온라인 건물주가 되는 방법

5부

소유의 삶, 그 이후

변화를 꿈꾸는 당신에게 보내는 편지

1부

돈보다는 내 꿈이
더 중요하다는 착각

1장

최초로 한 주체적 선택, 히말라야 등반

'미정'

아직도 그날이 선명하다. 초등학교 때 희망 진로를 적어오라는 선생님 말씀에 당당하게 적은 것은 '미정'이었다. 선생님은 놀라며 나를 나무랐다. "미정은 직업이 아니야. 정확히 어떤 직업을 가지고 싶은지 구체적으로 다시 적어오렴." 다른 친구들은 '과학자', '선생님', '정치인'과 같은 구체적인 직업명을 적어왔다. 그러나 나는 억울했다. 왜 내 꿈을 지금부터 확정값으로 적어내야 하는지 이해할 수 없었다. 나는 정말로 무엇이 될지 더 고민이 필요했다. 혹은 '직업 여러 개를 동시에 가지면 안 되는 것인가?'라고 생각했던 기억이 난다.

어려서부터 내 삶의 고민과 화두는 '자유로운 삶'이었다. 내가 꿈꾸는 자유는 무언가에 얽매이지 않는 삶이었다. 불행히도 이후 이어진 중고등학교 생활은 자유와는 거리가 멀었다. 학교 생활은 자율보다는 통제되는 삶이었다. 학교의 통제 방식이란, 불시에 두발 검사나 소지품 검사를 하는 것 따위에서 그치지 않았다. 학교는 성공에 이르는 길로 특정 루트를 제시했다. 대부분의 아이들이 그 길을 정답이라고 믿고 따랐다. 특히 고등학교에서의 삶은 더 쳇바퀴 같았다.

열여덟 살이 된 후 어느 날 내게 의문이 생겼다. '다른 삶은 없을까? 다른 친구들처럼 수업이 끝나면 학원이나 PC방에 가는 것 말고…….' 그 생각은 지워지지 않고 점점 더 커져만 갔다. 마침 학교에서 우연히 접한 포스터 한 장이 눈에 들어왔다.

> "전국 청소년 20명 선발, 히말라야 등반 전액 지원.
> 도전, 열정, 용기로 한계를 극복할 청소년 대원을 모집합니다."

포스터를 본 순간 멈춰 있던 심장이 뛰는 기분이었다. 당시 나는 기존의 교육 과정을 충실히 따라가며 오직 명문대 입시만을 바라보던 학생이었다. '어쩌면 이 프로그램에 합격해서 히말

나는 소유의 삶을 살기로 결심했다

라야 등반을 다녀오면, 이 획일화된 삶에서 벗어날 수 있을지도 몰라.' 틀에 박힌 삶에서 벗어나 처음으로 주체적인 선택을 하고 싶다는 생각이 들었다. 자유롭고 주체적인 삶을 갈망하던 내게 우연히 접한 히말라야 등반 프로그램은 마치 단비와 같았다. 그날 밤, 무언가에 홀린 듯이 밤새 자기소개서를 써 내려갔다. 전국 단위 모집이었기에 최종 대원으로 선발되는 과정도 치열했다. 운 좋게도 서류, 면접, 체력 테스트로 이어지는 50:1의 경쟁률을 넘고 최종 대원으로 선정될 수 있었다.

이후 6차례의 고된 국내 산악 훈련이 이어졌다. 주중에는 가방을 메고 학교로 등교하고, 주말에는 등산 배낭을 메고 전국 곳곳의 산으로 등교했다. 당시 기억은 여전히 생생하다. 영하 30도의 한파 특보가 발령되었을 때 등반한 오대산, 그리고 맛본 라면 한 그릇. 칠흑같이 어두운 밤 산속에서 별을 보며 침낭에서 잠들곤 했다. 다른 친구들은 주말에 학원에서 공부하던 시간이었다.

6개월간 진행되었던 국내 산악 훈련이 끝나고 마침내 시작된 히말라야 등반도 고됨의 연속이었다. 원정 대원인 우리는 모두 청소년으로 전문 산악인이 아니었다. 약 7일간의 등반 끝에 마침내 목적지인 해발 5,550미터에 있는 칼라파타르에 도착할 수 있었다. 열아홉 살에 올라선 칼라파타르, 그곳에서 보았던 에베레스트는 아직도 선명하다. 포기하고 싶을 만큼 힘든 과정이었지만 행복했던 이유가 있다. 태어나서 처음으로 주체적으로 선택한 삶이었기 때문이었다.

　서두부터 히말라야 등반 이야기를 꺼내는 이유는 당시 나의 선택이 곧 삶의 태도가 되었기 때문이다. '고통 끝에 자유를 얻을 수 있다는 확신', '어떠한 어려움도 이겨낼 수 있다는 자신감', '안주하지 않고 도전하는 자유로운 삶'이 나의 모토가 되었다. 열아홉 살에 얻은 교훈 덕에 이후 서른 살에 마주한 위기 앞에서 다시 일어날 수 있었다. 그리고 모든 것이 무너져 내리는 것 같은 감정을 딛고 다시 설 수 있었다. 이제부터는 경제적 자립이라는 토대 위에 새롭게 내 꿈을 쌓아가려고 한다.

> "이 고된 훈련과 히말라야 산행에서 얻은 소중한 경험과 교훈 그리고 그 느낌을 절대로 잊지 않고 살겠다. 수많은 역경을 이겨내고 히말라야 칼라파타르 정상에 우뚝 섰던 나 자신을 믿겠다. 나의 무한한 잠재력과 숨겨진 능력을 믿겠다. 그리고 그때처럼 거침없이 도전하고, 시도하겠다. 뜨거운 열정으로 후회 없는 하루를 살아가겠다."
>
> - 당시에 쓴 나의 일기 중에서

　　　　　　　　　　　　나는 소유의 삶을 살기로 결심했다

커리어에 집중했던
20대에 얻은 교훈

20대가 된 후에도 주체적이고 자유로운 삶을 살기 위해 새로운 세계에 뛰어들고 경험하는 것을 마다하지 않았다. 당시에 나는 돈이나 자본주의 세계와는 정반대에 서 있었고, 오로지 꿈과 성장만을 좇았다. 그리고 이 목표에만 집중할 수 있도록 모든 환경이 뒷받침이 되어 있었다. 히말라야 등반 이후 대학생이 된 나에게 새로운 꿈이 생겼다. 전 세계를 무대로 일하고 싶다는 마음이었다. 경력을 쌓아 멋진 비즈니스를 하거나 국제 기구에서 일하고 싶다는 꿈도 있었다. 무엇보다 최대한 경험을 많이 쌓는 일이 중요했고, 또 그렇게 살았다.

졸업과 동시에 우연히 얻은 인턴 경험 덕에 마케팅 업무와 커리어 세계에 입문할 수 있었다. 내 커리어의 첫 시작은 대기업 영국 법인 인턴이었다. 당시 기간은 2주로 무척이나 짧았다. 그러나 당시 마케팅팀에서 경험한 글로벌 비즈니스는 무척이나 재미있었다. 인턴 기간 종료 후, 당시 법인장님께 무작정 메일을 보냈다. 기왕 영국에서 인턴 생활을 경험했으니, 기회가 주어진다면 이 생활을 좀 더 연장해서 업무를 배워보고 싶다는 내용이었다. '일단 시도해보고 안 되면 말지'라는 심정으로 쓴 것이다.

"바쁘신 와중에도 인턴 기간 내내 저희에게 많은 관심 가지고 가르쳐주셔서 진심으로 감사드립니다. 제게 기회가 주어진다면 ○○을 위해 조금이나마 기여를 하고 싶다는 마음을 가지게 되었습니다. 제가 도울 일이 혹시 있을지 여쭙고 싶습니다."

놀랍게도 법인장님으로부터 바로 회신이 왔다.

"의미 있는 시간이 되었다니 다행입니다. 우선 내부적으로 일할 만한 부서를 알아봤고 마케팅쪽으로 배치해보면 어떨까 하는데…… 개인적으로나 회사로나 도움이 될 것 같아서. 시

나는 소유의 삶을 살기로 결심했다

작하는 시기나 방법은 김 차장님이 별도 연락할 거예요. 기다리세요. 또 만나겠네……."

정말 설레는 순간이었다. 사실 전혀 예상하지 못한 결과이기도 했다. 역시 도전한다면 못 해낼 것이 없었다. 이때 배운 교훈 역시 평생 간직하게 되었다. '기회는 기다리는 것이 아니라 쟁취하는 것'이라는 교훈이다.

그렇게 얻어낸 기회 덕에 4개월 더 마케팅팀에서 인턴 경험을 쌓을 수 있었다. 당시 내 팀은 대부분 영국인으로 구성되어 있었고, 현지 제품 마케팅 전략을 생생히 경험할 수 있었다. 무엇보다 영국인 팀원들과 함께 런던 현지에서 브랜드 마케팅 전반의 프로세스를 경험할 수 있었던 것이 참 값진 경험이었다. 이후 20대 때의 모든 에너지가 '커리어 쌓기'라는 한 방향으로 집중되었다. 이후에도 국내 PR 회사에서 인턴 생활을 이어갔다. 배우고 싶었던 광고와 마케팅을 A부터 Z까지 실전에서 배울 수 있는 매우 값진 기회였다.

졸업 후 연이어 두 번 인턴 생활을 했던 이유는 오지 내 꿈과 성장을 위해서였다. 그 선택이 내게 자유를 줄 수 있다고 믿었다. 시간이 흘러 스물다섯이 되자, 20대 중반까지 내 꿈을 향해 달려온 여정을 잠시 중단했다. 미뤄두었던 군대에 입대해야 했기 때문이다. 돌이켜보면 군 입대 전까지는 나의 꿈과 성장을 향해서 달릴 수 있었던 시기였다. 물질적으로 풍요롭지는 않았으나, 새로운 것을 시도해볼 수 있을 만큼 여유가 있었다. 아픈 가족 구성원도 없었고, 오직 나 자신만을 바라보면서 나아갈 수 있는 시간이었다. 아마도 이때가 내 삶에서 가장 빛나는 순간 중 하나였을 것이라는 생각이 든다.

나는 소유의 삶을 살기로 결심했다

3장

간절함만으로는 승부를 볼 수 없다

스물일곱이 되던 해 3월, 군을 제대했다. 눈부시게 아름다운 봄이었다. 세상에 나왔다는 기쁨도 잠시, 당장 해야 할 과업이 앞에 놓여 있었다. 취업 관문이었다. 당시 스물세 살이었던 군 동기들은 학교로 돌아갈 행복한 상상을 했다. 내 경우는 완전히 달랐다. 20대 중반 전부를 군에서 보내고 나니, 어느덧 스물일곱이 되어 있었다. 마침 상반기 공채가 시작되던 시즌이었다. 20대 후반, 현실이 눈앞에 놓여 있었다.《돈의 속성》을 쓰신 김승호 회장님의 말씀을 빌리자면, 스스로 생존하는 것을 증명하는 삶을 살고 싶었다. 첫째로 선택한 방법은 1등 기업에 취업해서 일과 시스템을 배우는 것이었다.

자신 있었다. 제대 후 자신감 때문인지 삶은 모두 계획대로 흘러갈 것 같았다. 1등 기업에 들어가 일을 배우고, 이후 글로벌 무대로 커리어를 펼치는 꿈을 꾸었다. 내 삶은 순탄대로처럼 흘러갈 것이라 믿었다. 취업난이 내게 적용되는 말은 아니라고 믿었다. 나의 가치에 부합하면서, 가고 싶은 기업의 리스트를 추렸다. 그렇게 상반기 총 10개의 기업에 서류를 제출했다. (당시 취업 준비가 형편없었다는 사실은 뒤늦게 깨달았다. 예상보다 취업 시장은 훨씬 치열했다. 가고 싶은 기업 10개만 추려서 서류를 작성하는 전략은 무모했다. 경쟁자들은 기업과 직무의 범주를 대폭 늘려 50개, 100개 기업에 자소서를 제출했으니까.)

놀랍게도 (혹은 놀랍지 않게도) 상반기 취업에 실패했다. 군 제대와 동시에 하늘을 찌르던 자신감은 이내 꺾여버렸다. 입대 전까지 나름 다양한 경험을 쌓았다고 생각했다. 충분히 승산이 있다고 믿었기 때문에 자신감이 있었다. 그러나 상반기에 제출한 서류 10개 중에서 1개의 기업으로부터만 서류 합격 소식을 들었을 때 비로소 현실의 벽을 느낄 수 있었다. 특히 상반기 채용 막바지에 진행되었던 외국계 기업의 합숙 면접 자리가 기억에 남는다. 무박 2일로 진행되었던 당시 면접은 최종면접 직전 난계로 수많은 선형을 넘어 얻어낸 기회였다. 관문을 하나씩 통과할 때마다 경쟁은 줄어들었고, 합격이 눈앞에 다가온 것 같은 기분이었다. '이 관문만 넘으면 합격이다'라는 생각이 들자, 간절함이 더해졌다. 면접 심사관 앞에서 마지막으로 1분간 나를 어필하는 시간, 떨리는 목소리로 마음을 담았다. "저는 그 누구보다 간절함을 안고 이 자리에 서 있습니다."

결과는 탈락. 결과 확인 후, 한참을 컴퓨터 자리에서 일어나지 못했다. 그전까지는 '간절하면 반드시 원하는 바를 이룰 수 있다'는 믿음이 있었다. 원하고 바라는 것들은 늘 간절함이라는 승부수를 던져서 성취하고는 했다. 늘 주어진 기회를 놓치지 않기 위해 마지막 간절함을 더했다.

그러나 더 이상 '간절함'만으로는 승부를 볼 수 없었다. 돌이켜보니 너무나 간절히 원했을 때 결과가 좋지 않았다. 중요한 순간에 실수할 확률이 높아지기 때문이다. 따라서 이후로 무언가를 원할수록, 간절함을 조금씩 덜어내는 연습을 해보기로 했다. 최선을 다하는 것은 물론 디폴트 값이다. 다만 마지막 순간에 간절함만 한 스푼을 덜어내자는 것이다. 이 경험은 이후 소유의 삶을 결심하며 이어지는 투자와 사업의 길에서도 적용할 수 있었다. 간절함이 조급함으로 이어지면 실패할 확률이 높아진다. 조급함은 빠르게 성과를 내고 싶은 마음과 연결되기 때문에 그렇다. 따라서 간절하거나 조급한 마음이 들 때면 다짐하는 바가 있다. 간절함을 내려두고, 긴 호흡으로 가야겠다고.

이후 이어지는 백수 기간, 몇몇 기업에 지원하고 탈락하기를 반복했다. 마음을 내려놓았다. 지원한 기업으로부터 합격 소식을 받지 못해도 더 이상 아무렇지 않았다. 마치 쇠가 담금질하는 것처럼 멘탈은 더욱 단단해졌다.

그러던 어느 날, 지원했다가 탈락한 글로벌 스포츠브랜드 인사담당자로부터 연락이 왔다. 탈락한 직무 대신 MD 직무로 다시 한번 면접을 보자는 연락이었다. MD는 나와 아무런 관련이 없었고, 생각지도 못한 업무였다. 그러나 주어진 기회를 놓칠 수는 없어 면접을 보겠다고 응했다. 면접장에 들어서니 화려한 패션 지식과 경험을 보유한 지원자들로 가득했다. 모두가 패션 MD 직무를 위해 태어난 이들 같았다. 실제로 그들은 그렇게 어필했다. 면접이 시작되자 무척이나 어려운 질문들이 연속으로 이어졌다.

"MD가 어떤 직무일 것 같나요?", "패션이나 스포츠를 평소에 좋아하시나요?" 모든 것을 내려놓은 상태로 솔직한 대답을 시작했다. "저는 스포츠 브랜드 관련 경험이 전혀 없습니다. 졸업 후 마케팅과 PR 쪽으로만 경력을 쌓았습니다. 따라서 사실 저는 MD 직무로 다듬어진 지원자가 아닙니다. 다만 감히 세 가지 정도 해당 직무에 대해 추측을 해보겠습니다……." 그렇게 면접은 종료되었다. 당연히 탈락은 예정된 수순이라 생각했다. 며칠이 지나 다른 기업의 채용 공고를 찾아보던 참이었다.

"에디님과 함께 하고 싶습니다." 글로벌 스포츠 브랜드 인사

담당자의 메일 한 통이었다. 한 치도 예측할 수 없는 것이 삶이다. 당연히 떨어졌다고 생각했기 때문에 합격 사실을 믿기 힘들었다. 이후 알게 된 사실인데 당시 나를 채용했던 팀장님이 말씀하셨다.

"MD 직무는 겉으로 보이는 화려함과는 달라요. 패션에 대한 열정이 넘치는 사람들은 이 일을 하다 보면 빨리 실망하죠. 오히려 에디님은 진솔한 사람 같았어요. 솔직하게 자신의 부족한 점은 인정하지만, 가진 강점으로 명확히 기여할 수 있는 부분을 제시하는 태도가 인상적이었지요."

합격이 더 간절했더라면 진솔하게 답하기보다는 포장된 답변을 했을 것이다. 이번 경험을 통해서 다시금 얻은 확신이 있다. '최선을 다하되 간절함을 덜어낸다면, 분명 더 좋은 결과가 있을 것'이라는 사실이다.

4장

그토록 바랐던 대기업 합격의 순간

가고 싶었던 글로벌 스포츠 브랜드 최종 면접에 합격했지만,
또 다른 고민이 이어졌다. 합격한 포지션이 6개월 단기 계약직
이었기 때문이다. 마침 당시는 8월로, 하반기 기업 공채 시즌을
앞둔 시점이었다. 두 가지 선택지가 있었다. 첫째는 백수 생활
이 길어지더라도 공채 정규직을 준비하는 것. 둘째는, 일단 외
국계 기업의 인턴 계약직이라도 시작하며 훗날을 도모하는 것
이었다. 그러나 모든 취업 전문가는 나의 외국계 기업 계약직
취업을 만류했다. "첫 단추를 계약직으로 시작하면 이후 절대
정규직이 될 수 없다"는 것이었다. 하지만 당시에는 당장 일하

고 싶은 마음이 컸다. 현업에서 일하며 취업을 준비하면 좋은 결과가 있을 것이라는 믿음이 있었다. 무엇보다도 글로벌 기업에서 일할 수 있는 경험은 분명 흔치 않은 기회였다.

잠깐의 고민을 뒤로하고, 글로벌 스포츠 브랜드 MD 직무로 계약직 입사를 확정지었다. 회사의 업무 환경은 글로벌했다. 당시 나의 라인 매니저는 벨기에인이었고, 팀원끼리 영어로 소통하는 것은 일상이었다. 글로벌 기업이 어떠한 방식과 시스템으로 일하는지 배울 수 있는 귀한 시간이었다.

그러나 업무를 마치고 퇴근할 때면 가끔씩 우울한 감정이 밀려들었다. 분명한 것은 현재 자리가 기한이 정해져 있는 계약직 인턴이라는 사실이었다. 다른 정규직 사원들보다 더 열심히 할 각오는 되어 있었지만, 주요한 미팅이나 업무에서는 제외되었다. 당연히 할 수 있는 업무 범위는 제한적이었다. 입사를 확정하면서 나를 만류하던 주변 사람들의 조언이 떠올랐다. "첫 단추를 계약직으로 시작하면 이후 절대 정규직이 될 수 없다." 당연히 불안한 감정도 밀려왔다. 회사에 다니며 퇴근 후에는 정규직 취업을 준비했다. 새벽까지 자소서 서류를 작성하며 열심히 준비했다. 최선을 다했고, 내 안의 모든 것을 쏟아부은 시간이었다. 낮에는 회사에서도 최선을 다했고, 그럴수록 계속 기회가 주어졌다. 팀원들을 포함한 회사 분들 모두가 내게 도움을 주고 싶어 했다. 그분들이 직접 나서서 정규직 포지션을 추천해

주시기도 하고, 면접 대비에 도움을 주시기도 했다. 계약직으로 시작하면 절대 정규직으로 전환될 수 없다는 취업 전문가의 생각에는 '사람'이라는 변수가 빠져 있었다.

결국 나는 그해 하반기, 가고 싶었던 대기업 공채에 합격했다. 2017년 겨울이었다.

"○○ 그룹 합격을 축하합니다."

화면을 본 순간 두 눈을 믿을 수 없었다. 당시의 기쁨을 말로 표현할 수 있을까. 바로 부모님께 전화를 드렸다. 전화를 받은 엄마의 목소리는 떨렸다. 당시 함께 있던 대리님이 눈물을 글썽이며 축하해주셨다. 팀장님도 기뻐해주셨다. 회사 사람들이 그렇게나 함께 기뻐해줄지 몰랐는데 큰 감동이었다. 새로운 회사는 합격 선물 꾸러미를 집으로 보냈다. 거기에는 부모님께 회사가 전하는 감사 편지와 함께 합격 케이크가 포함되어 있었다. 회사의 선물이 참 고맙게 느껴졌다. 특히 아버지께서 참 기뻐하셨던 기억이 난다.

나는 소유의 삶을 살기로 결심했다

5장

대기업과 나를 동일시했던
어리석음

"여러분은 우리 그룹의 자부심입니다." 입사 후 2주간 동기들과 합숙하며 신입 사원 연수를 받았다. 어마어마한 경쟁을 뚫고 합격한 동기들의 표정에는 자신감이 넘쳤다. 그룹의 역사, 경영 철학과 행동 원칙을 공부하고 퀴즈를 풀었다. 동기들과 팀을 이뤄 그룹의 가치를 표현하는 장기자랑 세션도 준비했다. 그 과정에서 자연스럽게 그룹의 당당한 구성원으로 인정받았다.

이후 그룹과 계열사의 미래를 고민하며, 다양한 사업화 아이디어로 경쟁하는 '신입사원 아이디어 경진대회'가 열렸다. 그룹의 전 계열사가 참여하며 예선과 본선으로 나뉘며 약 5주간의 준비 기간을 거쳤다. 예선을 통과한 팀은 그룹의 모든 경영진과 회장님이 참석하는 결선 대회에 진출했고, 입문 교육이 끝나자 신입사원들이 팀을 이뤄 발표하는 행사가 이어졌다. 준비과정 중에는 그룹 내 실무자의 코칭이 이어지며 아이디어의 사업성과 실현 가능성을 사전에 검증받았다. 내가 직접 발표를 맡았던 우리 팀은 계열사 1등으로 예선을 통과했다. 이어진 최종 결선에서는 3등으로 최우수상을 받았다. 500명이 넘는 청중과 회장님, 전 계열사 임원 앞에서 발표했던 당시 순간은 지금 생각해도 짜릿한 경험이었다. 입사 초기, 이와 같이 두근거리는 순간이 많았다. 오랜 취업 준비 생활을 보상받는 것 같은 만족감을 느꼈다. 큰 조직의 일원으로서 느끼는 자부심도 있었다. 누구나 알 만한 회사에 취업했다는 사실만으로도 친구들의 부러움을 샀다.

당시 사무실은 강남에서도 손꼽히는 매우 좋은 건물에 있었다. 사원증을 목에 걸고 출근할 때면, 그렇게 삶이 만족스러울 수 없었다. 멋진 건물과 나를 동일시했던 순간이었다. 그것이 곧 나의 삶이라고 생각했다. 그러나 본질적으로 그것은 내 것이 아니었다. 회사를 나오는 순간부터 나는 그것과 완벽히 무관하다. 그러나 당시에 나는 그와 같은 사실을 인지하지 못했다. 그렇게 서서히 급여를 받는 회사원의 삶에 갇히고 있었다.

회사에 입사하면서 세웠던 목표는 '뾰족한 스페셜리스트'

가 되는 것이었다. 전문성을 갖춘 개인이 되고 싶었고, 그렇게 자유를 향한 길을 걸어가면 될 것이라 믿었다. 처음 1~2년 차에는 정시에 퇴근한 적이 거의 없었다. 야근이나 주말 업무도 자발적으로 했다. 업무에 몰입했고, 보란 듯이 잘하고 싶었다. 심지어 새벽에 귀가할 때는 뿌듯한 기분도 있었다. 휴가지에서 전화를 받는 경우도 꽤 잦았다. "너 보면 대기업 절대 못 다니겠다." 저녁을 먹다가도 거래처 전화를 받으러 나가는 내 모습을 보며 친구들이 한 마디씩 얹었다.

당연하게도 나를 위한 투자는 중단되었다. 회사에 더욱 몰입하는 나날이 이어졌다. 일에 집착할수록 회사가 삶의 대부분을 차지한다고 느낀 순간도 있었다. 자연스레 회사 일로 분노하거나 서운할 일도 많았다.

분명 옆 동기보다 더 열심히 일한 것 같은데 평가는 같을 때, 어렵게 얻어낸 해외 출장 기회가 사라질 때, 거래처에서 말도 안 되는 이유로 화를 낼 때, 내 실수가 아닌 일로 억울하게 유관부서나 거래처에 사과해야 할 때 등이 그런 순간이었다.

회사 생활을 떠올릴 때마다 단골 주제로 등장하는 무례한 거래처 담당자와의 일화도 빼놓을 수 없다. 무리한 납품 일정을 고집하는 거래처 담당자가 있었다. 최소 5일 정도 제작 기간이 걸리는 일을 하루 만에 만들어내라는 식이었다. 이런 저런 사유로 "요청해주신 납품 일정은 어렵다"고 말씀드리니 돌아온 답변은 "우리가 어떤 회사인지 모르세요? 하라고 하면 하세요"였다.

　속사정을 모르는 친구들은 나더러 대기업 생활이 마냥 부럽다고 말했다. 그러나 대기업의 생활은 쉽지 않았다. 당시에는 힘들어도 버티는 것만이 정답이라고 생각했다. 버티면 더 좋은 날이 오리라고 믿었다. 더 단단해지는 과정이라고 생각했다. '여기를 들어오려고 얼마나 내가 노력했는데!'라는 기회비용에 관한 생각도 있었다. 당연히 스트레스는 쌓여갔고, 그럴 때마다 더 많은 소비를 하는 식으로 스트레스를 풀고는 했다. 부업이나 투자 공부는 생각조차 못 했다. 이직 말고는 내게 주어진 카드가 없다고 믿었다.

　시간이 흘러 멋진 회사의 건물, 그것과 나를 분리해서 바라보는 순간부터 성장이 시작되었다. 그러나 그 사실을 깨닫기까지는, 이후로도 꽤 많은 시간이 필요했으니 스스로 아쉬울 따름이다.

　　　　　　　　　나는 소유의 삶을 살기로 결심했다

6장

월급쟁이의 관점에서
자본가와 생산자의 관점으로

대기업에 입사해서 4년이 흘렀고, 어느덧 대리 직함을 달게 되었다. 회사 생활이 차츰 익숙해지던 무렵이었다. 7년 전 대행사에서 인턴으로 근무할 때 친하게 지내던 동기를 만났다. 내가 대기업에 입사할 때 이 친구 또한 비슷한 시기에 다른 대기업으로 이직했다. 오랜만에 만난 동기와 식사하며, 대화하느라 시간이 가는 줄 몰랐다.

"너희 회사도 빌런 천국이야?", "이직하고 싶다. 진짜", "연봉이 왜 이것밖에 안 되지?" 등 만나자마자 우리는 각자의 조직에서 가지고 있는 불만들을 토해냈다. 그러다 문득 다음과 같은 생각이 머릿속을 스쳤다. '어떻게 대화의 주제가 7년 전 과거와 똑같지?' 인턴 이후, 7년이라는 시간이 흘러 우리는 각자 회사에서 대리로 살고 있다. 그러나 여전히 본인의 '업'과 '전문성'에 관한 고민을 했다. 월급쟁이로 살아가면서, 가끔씩 납득할 수 없는 보상에 대한 의문과 갈증을 느끼고 있었다.

생각해보면 회사 생활을 하면서 듣는 말은 다음과 같은 것이었다. "에디는 3년 차 치고는 일을 잘하네", "너 연차에 이 일은 조금 어려울 수 있어" 등이었다.

돌이켜보면 늘 나의 가능성을 제한하는 말이었다. 처음에는 이와 같이 개인을 프레임에 가두는 말들과 보수적인 조직 문화가 옳지 않다고 생각했다. 큰 조직에서는 연차나 나이가 개인의 역량보다 우선시되는 기준이었다. 그러나 시간이 흘러 대리 직함을 달고, 업무가 익숙해지면서 나 또한 연차 중심적인 사고에서 벗어나기가 어려웠다. 익숙해지면 그것이 곧 상식이 되었다. 입사할 때 꿈꾸었던 목표는 사라지고, 어느새 대기업 생활에 안주하는 자신을 발견하게 되었다.

5년 후 미래가 잘 그려지지 않았다. 아니, 어쩌면 너무나 명확히 그려졌다. 회사에서의 삶을 지속한다면 말이다. 혹자는 '안정감'이 회사에 다녀야 하는 이유라고 말한다. 그러나 그들이 말하는 안정적인 미래가 되려 내게는 불안정한 미래로 그려졌다.

'5년 후에는 차장, 잘하면 팀장이 되겠구나', '연봉이 조금 더 오를 뿐이겠구나', '여전히 자유를 갈망하면서 살겠구나' 등의 생각이 떠올랐다.

연차가 쌓여 조직에서 상급 관리자로 승진해도 크게 달라질 것은 없었다. 회사는 일방적으로 정한 연봉 계약서를 내게 내밀 것이다. 당연히 개인에게 선택권은 없다. 물론 직장인에게는 '이직'이라는 카드가 있다. 그러나 이직을 감행해도 시간과 젊음을 바치는 대가로 급여를 받는 직장인이라는 본질은 변함이 없다. 멋진 커리어와 높은 연봉을 획득하기 위한 경쟁은 치열하다. 그 경쟁을 뚫고 피나는 노력을 통해 더욱 나은 직장으로 점프하더라도, 삶의 질이 확연히 나아진다는 보장은 없다. 높은 연봉에는 그만큼의 책임이 따르기 때문이다. 따라서 더 치열한 성과를 내야 한다. 더 많은 시간을 회사에 쏟아야 한다.

대기업 생활을 지속한다면, 업무적으로는 훨씬 능숙해질 것이다. 큰 조직일수록 톱니바퀴 역할을 잘 수행하는 직원을 필요로 한다. 그것이 중장기적으로 조직의 안정성과 시스템에 도움이 되는 선택이기 때문이다. 조직이 내게 원했던 것은 '정육각형' 인재였다. 모든 업무를 무난하게 수행할 수 있는 사람. 이 사실을 깨닫기까지 오랜 시간이 걸렸다. 결국 대기업에서 지속하는 업무가 축적의 삶으로 이어질지는 의문이었다.

문득 무서운 생각들이 들었다. '내가 7년 후에도 똑같은 주제의 고민과 대화를 하고 있을까?', '아예 그런 고민을 꺼내지 않고, 안주하는 삶을 살게 된다면?', '혹은 주어진 현재에 만족하는 감사의 삶을 살게 되려나?' 등이었다.

그나마 꼽아보자면 세 번째가 가장 나은 삶일 테다. 그러나 이제 겨우 서른 초반에 아무 노력도 안 해보고 현재에 만족하는 태도는 싫었다. 여기서 내가 생각하는 노력이란, 가진 모든 것을 쏟아붓는 노력이다. 그렇다면 앞으로 내가 가야 할 길은 더 명확해 보였다. 더 빠르게 도전하고 실행해서 변화의 속도를 높이는 것이었다. 월급쟁이의 관점에서 벗어나 자본가와 생산자의 관점으로 피봇팅(pivoting)을 하는 것이었다.

평생 사장으로 살아오며 '사장을 가르치는 사장'으로 알려진 김승호 회장은 《사장학 개론》에서 내게 의미 있는 말을 남겼다. 그의 말에 따르면, 직장인의 인생은 기본적으로 손해보는 장사라는 것이다. 아무리 노동의 가치를 억지로 만들어 주입해보아도 월급쟁이의 인생이 별 볼 일 없다는 사실은 변하지 않는다. 역사적으로 살펴보아도 노동력을 제공하는 대가로 돈을 버는 일은 어느 사회에서든 가장 낮은 신분에 속했다는 것이다.

삶은 선택의 연속이다. 선택이 모여 현재가 된다. 따라서 현재 우리의 모습은 5년 전 우리의 선택의 결과다. 멋진 커리어는 내가 꿈꾸었던 미래였다. 그리고 그것을 충분히 이뤄냈다. 따라서 후회도 하지 않기로 했다. 이후 다짐했다. "앞으로의 5년은 열심히 살았던 과거 5년과는 또 다를 것이다. 과거보다 10배 더 열심히 살 것이다. 그러나 방향성은 확연히 다를 것이다."

확신이 있었다. 노동자에서 생산자로 관점을 바꾸고, 꾸준히 노력한다면 5년 내에 성과가 있을 것이라는 확신 말이다. 다만 그 길이 쉽지 않고, 필연적으로 외로울 것이라는 사실 또한 알고 있었다. 그러나 스스로 선택한 길이기에 어떠한 후회도, 남의 탓도 하지 않을 것이었다. 나는 멋진 직장과 커리어 대신, 생산자가 되는 길을 선택했다. 그러나 새로운 꿈과 결심도 잠시, 또 다른 위기가 앞에 드리우고 있었다.

7장

인생의 어떠한 순간에서도
성장할 수 있다

가끔 삶이 버겁다고 느껴지는 날이 있다. 서른이 되던 해의 가을 어느 날이 그러했다. 아버지의 병세는 더욱 악화되었다. 여느 때처럼 출근을 준비하던 어느 날, 방문 밖에서 엄마의 다급한 목소리가 들렸다. "어서 구급차를 불러주세요"

그날은 아버지의 몸 상태가 급속도로 안 좋아진 날이었다. 지난 몇 년간 암 투병 생활을 이어오면서 아버지는 늘 강인하게 위기에 대처해왔다. 존경스러울 만큼 낙관을 잃지 않는 분이셨다. 그래서 나 또한 일상을 유지할 수 있었다. 그러나 그날만큼은 달랐다. 아버지가 병원으로 가는 구급차에 실려 가는 모습을 지켜봐야만 했다. 그러한 광경은 태어나서 처음 겪어보는 것이었다.

"너무 걱정하지 마! 아들" 아버지는 구급차에 실리면서도 나를 위로했다. 출근하면서 하염없이 눈물이 났다. 내게 아버지는 늘 태산 같은 사람이었다. 그날 나는 어쩌면 아버지와 우리 가족에게 주어진 시간이 얼마 남지 않은 것 같다는 생각이 들었다. 슬픈 예감이었다. 강인하고 굳건한 아버지가 이 세상에 존재하지 않을 수도 있다는 생각은 견디기 힘들었다. 그동안은 아버지의 투병 사실을 회사에 알리지 않은 채로 일했다. 그러나 더 이상 그렇게 할 수 없는 상황이라는 것도 직감했다. 에너지는 고갈되었다. 이 사실을 회사에 말하고, 최대한 배려받고 싶다는 생각이 들었다. 그러나 동시에 회사의 눈치를 보고 있었다.

울타리 안처럼 내 삶이 안전할 것이라고 착각했던 날들이 있었다. 대기업과 정규직이라는 완벽한 조합을 얻으면 말이다. 그러나 차가운 현실 앞에서 믿었던 울타리는 산산조각이 났고, 나는 내동댕이쳐진 기분이었다. 처음 겪어보는 감정이었다. 팀장님과의 면담에서 나는 현재의 위기 상황을 전하며 끝내 울었다. 당분간 일을 할 수 없을 것 같아 가진 연차를 대부분 소진하기로 결심했다. 10일간 최대한 혼자 시간을 보냈다. 휴가 기간 아무도 만나고 싶지 않았고, 누군가가 건넬 위로도 싫었다.

무작정 향한 평일 가을 오후의 난지한강공원은 평화로웠다. 잔디밭에 캠핑 의자를 놓고, 하염없이 책을 읽고 생각에 잠겼다. '앞으로 내가 무얼 할 수 있을까', '어떻게 살아야 할까?'

삶의 가장 밑바닥에 있는 기분이었다. 이제 갓 서른이지만 살아갈 날들이 살아온 날들보다 더 힘들게 느껴지는 그런 시기였다. 엎친 데 덮친 격으로 당시 풀린 어마어마한 유동성을 등에 업고 자산 시장은 끝을 모르게 상승하고 있었다. 급여 외 파이프 라인을 구축하지 않았고, 마련해둔 자산도 없었다. 사회생활을 시작한 이후 그토록 좌절한 순간은 처음이었다. 후회와 자책으로 이어졌다. 그런 내 마음과 다르게 한강은 노을에 반짝이며 넘실대고 있었다. 그 좌절감 속에서 내 눈에 들어온 책 속의 한 문장이 있었다.

"인생의 어떠한 순간에서도 성장할 수 있다."

밑바닥 삶을 딛고 내가 성장할 수 있다는 생각은 해본 적이 없었다. 이 문장을 본 순간 다시 일어날 수 있을 것 같다는 생각이 스쳤다. 가을 햇살에 비친 한강은 유난히 아름다웠다. 나는 다시 한번 살아봐야겠다고 다짐했다. 현재 느끼는 이 깊은 좌절감을 성실함으로 치환하여 그 어떤 불행도 나를 꺾을 수 없다고 생각했다.

박완서의 자전적 소설《그 많던 싱아는 누가 다 먹었을까》에서 주인공의 가족은 한국전쟁이라는 거대한 파고에 휩쓸린다. UN군이 서울을 탈환하자, 주인공(박완서) 가족은 빨갱이를 도왔다는 의심을 받아 극심한 수난을 겪는다. 주인공의 친오빠는 외상 후 스트레스 장애를 입고, 끝내 사고로 다리에 총상을 입는다. 미처 남쪽으로 피난을 가지 못한 주인공의 가족은 서울에 남겨진다. 이때 주인공은 모두가 떠난 서울, 동네가 한눈에 내려다보이는 지대로 올라간다. 삶이 절망과도 같아 낙담했던 주인공은 그 자리에서 이 모든 것을 증언해야겠다는 결심을 한다. 그리고 책을 쓰게 될지도 모른다는 예감을 한다. 그 찰나적 사고의 전환은 그녀를 '비운의 주인공'에서 '역사의 현장 속 증인'으로 만들어준다. 이 장면에서 독자가 전율을 느끼는 이유는, 훗날 주인공이 실제 대한민국 최고의 작가로 거듭나기 때문이다.

특히 내게는 주인공이 결심하는 장면이 크게 다가왔다. 높은 지대로 올라가 마을을 한눈에 내려다보는 순간, 주인공은 찰나적으로 사고의 전환을 겪는다. 이런 상황을 자신만이 보았다는 사실에 어떠한 뜻이 있을 것만 같다고 느낀다. 이 상황에 처하기까지 얼마나 많은 고약한 우연이 엎치고 덮였던지를 생각해보자 갑자기 이 모든 것들을 증언할 책무가 자신에게 있는 것은 아닐까 생각하게 된다. 그러기 위해서 글을 써야 할 것 같은 예감이 들고, 그 예감이 주인공의 공포를 몰아낸다.

어쩌면 그날 내가 얻은 것은 '내 삶이 마음먹기에 따라 달려 있다'라는 사실이었다. 이 깨달음은 그날 이후에도 흔들릴 때마다 나를 붙들어주었다. 때로 예기치 못한 역경과 고난을 겪을 때면, 찰나적인 사고의 전환을 통해 한 단계 더 성장할 것을 다짐했다. 그것이 내게는 갑작스럽게 닥친 위기를 정면 돌파할 힘이 되어주었다. 사고를 전환하자, 난지한강공원의 노을빛은 저무는 것이 아니라 오히려 더 반짝이며 빛나는 것처럼 보였다.

나는 소유의 삶을 살기로 결심했다

2부

소유할 결심,
내 삶을 피봇팅하다

1장

서른 살에 집부터 사야겠다고
결심한 이유

"집을 사야겠다."

때는 2020년 가을이었다. 집을 사야겠다는 결심을 했다. 갑자기 마주한 인생의 위기를 해결하기 위한 첫 대책이었다. 나는 왜 집을 사고 싶었을까? 꿈꾸었던 것은 사실 지극히 평범한 삶이었다. 꿈을 위해 한 발씩 걸어가면 비로소 자유로워질 것이라는 믿음이 있었다. 돈보다 중요한 꿈과 삶의 원칙이 있었다. 느리더라도 천천히 내 일에 매진한다면 언젠가 꿈을 이룰 날이 올 것으로 생각했다.

정부는 "집값은 곧 하락할 테니 집을 사지 말라"고 호언장담

했다. 그러나 그사이 집값은 꾸준히도 올랐다. 아버지는 긴 투병 생활을 시작했다. 회사 일은 여전히 녹록지 않았다. 자유롭기 위해 결정한 지난날의 내 선택이 오히려 나를 옭아매고 있었다. 돈이 전부가 아니라는 믿음이 흔들렸다. 더 이상 내 삶은 돈과 무관하지 않았다. 문득 생각이 들었다. '아무리 숭고한 삶의 철학과 가치를 가지고 있더라도, 돈이 없다면 무슨 의미가 있을까?' 자본주의 세상을 살아가는 한 열심히 투자와 사업 공부를 해서 스스로 부강해져야겠다는 생각이 들었다. 그 길이 오히려 내가 꿈꾸는 자유로운 삶을 가능하게 만들어줄 것이라는 생각도 들었다. 그렇다면 지금까지와는 완전히 다른 방식의 접근이 필요했다.

자유와 번영의 길로 진입하는 데 필요한 것은 무엇일까? 자본주의 관련 서적 수십 권을 독파하며 나름대로 얻은 결론은 다음과 같다. "사업, 투자 그리고 레버리지를 활용하는 것"

부동산 투자 공부는 이 모든 것을 경험해볼 수 있는 좋은 수단이었다. 아파트, 상가, 건물과 같은 부동산을 타인의 자본을 활용해서 매수할 수 있었다. 한편으로는 사업과 투자 관점을 얹어서 오프라인 사업을 운영해볼 수도 있었다. 그중에서도 아파트는 부동산 초보도 쉽게 접근할 수 있는 투자처였다. 무주택자가 유주택자로 변신하는 순간, 자본주의 세상의 레이스에서 원점에 설 수 있었다. 위기가 와도 흔들리지 않는 경제적 기반을

나는 소유의 삶을 살기로 결심했다

마련하는 첫 단계였다. 그 기반은 내가 다시 꿈꾸는 것에 집중할 수 있는 토양과 같은 것이었다.

대한민국에서 집을 소유하겠다는 결정은 여러 의미가 있다. 무주택자가 집을 구매하는 행위는 자산을 소유한다는 의미다. 집을 매수할 때 청약이나 실거주용 일반 매매와 같은 가장 보편적인 방법을 활용하더라도 대부분 대출을 이용한다. 수억 단위의 주택을 100% 현금으로만 매수할 수 있는 무주택자는 거의 없을 테니까. 그러나 삶의 곳간에 갑자기 엄청난 대출을 허용하는 것은 분명 많은 용기가 필요한 일이다.

"지방 가서 살면 되지 않느냐." "투기 세력은 망해야 한다." 절실한 마음으로 주택을 매수한 청년들에게 누군가는 비난을 퍼부었다. 서울에서 태어나 자란 아파트 키즈 세대가, 그저 내 고향 서울에서 살고 싶다는 것이 그렇게 욕먹을 일인가 싶었다. 나 또한 서울에서 태어나 자랐다. 당연히도 서울을 떠난다는 상상은 해본 적이 없었다. 가족, 친구, 직장 등 모든 생활 기반이 서울에 있었다. 당장 서울에 아파트를 마련하지 못하더라도, 지방 아파트 투자를 시작으로 하나씩 단계를 밟아간다면 언젠가 서울 집 마련의 꿈을 이룰 수 있다고 생각했다.

"전세로 살면 되지 않느냐." 혹자는 반문한다. 그러나 나는 2021년부터 시작된 수도권 최악의 전세난을 잊을 수가 없다. 당시 급하게 추진된 임대차 3법은 임대인과 임차인 간의 여러 분쟁을 야기하며, 혼란의 불씨만 키웠다. 서울 수도권 주택 전세가는 급등했다. 급등한 시세만큼 전셋값을 올릴 수 없었던 임대인들은 임차인에게 실거주 의사를 통보했다. 이 때문에 임차인들은 내쫓기듯이 그동안 거주했던 집을 떠나야만 했다. 임차인을 보호하겠다는 임대차 3법 취지와는 무색한 결과였다.

더 이상 국가를 믿을 수 없었다. 각자도생 전략이 필요한 시점이었다. 내 집 마련을 위해 여러 전략을 펼쳐서 공부했다. 당시 부모님과 함께 살아야만 했던 내가 쓸 수 있는 카드는 제한적이었다. 부모님과 한 세대로 묶여 있어 추가로 내가 서울 수도권 주택을 매수한다면, 8.8% 취득세를 더 내야만 했다. 세대분리를 위해 당장 월세를 내며 집을 옮길 수도 없었다. 따라서 당시 내 집 마련을 위한 가장 적합한 전략은 비규제 지역 전세 레버리지 투자였다.

최근 전세 사기 키워드가 뉴스를 도배된다. 갭 투자자는 마치 악의 축처럼 묘사되기도 한다. 당시에도 갭 투자라는 말만 듣고도 두려운 생각이 들었다. 갭 투자를 떠올리자마자 '하우스 푸어', '깡통 전세'와 같은 어디선가 들어본 두려운 단어들이 떠올랐다. 그러한 개념은 어느 날 갑자기 새로 생겨난 것이 아니었다. 즉 이전부터 갭 투자와 관련된 부정적인 뉴스는 늘 존재해왔다. 공부해보니 갭 투자 또한 다른 주택 매수 방법과 마찬가지로 레버리지를 최대한 활용하는 방법이었다. 차이점이 있다면 매수인은 주택을 구입할 때 은행이 아닌 임차인으로부터 자본금을 조달한다는 것이었다. 그것도 무이자로.

실입주 시점과 매수 시점 간 텀이 있는 실수요자에게도 전세 레버리지 투자는 충분히 훌륭한 전략이었다. 혹은 초기 자금이 충분치 않아 전세라도 끼고 사뒀다가 나중에 돈을 모아 들어가려는 실수요자에게도 마찬가지였다. 본인 상황과 맞지 않는 무리한 투자가 문제였다. 편견을 지운다면 전세 레버리지 투자 또한 국내 주거 사다리 유형 중 하나에 불과했다.

사실 내 집 마련 과정에서 레버리지 말고도 신경 써야 할 것들은 많다. 첫째, 부동산을 소유하면 재산세, 지방세 등 각종 세금을 내야 한다. 따라서 단순히 자산을 소유하는 것을 넘어, 그것을 지킬 수 있는 부의 그릇을 키워야 한다. 둘째, 임차인과의 계약, 관리나 유지에 대한 책임도 필요하다. 운이 나쁘면 발생할 수 있는 누수와 같은 문제도 있다. 구축 아파트를 매수했을 경우, 이러한 일은 더 빈번하게 발생한다. 즉 지속해서 신경 쓸일이 생긴다. 셋째로, 부동산 시장의 동향을 계속 체크해야 한다. 자산은 나의 현금 흐름에 기여할 때 비로소 의미가 있다. 즉 부동산 소유는 매수하고 끝이 아닌, 새로운 시작이다. 시장 상황을 주시하며, 적절한 의사 결정을 해야 한다. 넷째로, 자산을 지키기 위한 부의 그릇도 키워야 한다. 즉 부동산 매수 결정은 마음 편했던 무소유 방식의 삶이 종료됨을 뜻한다. 소유의 삶을 선택하는 것이다. 따라서 분명 많은 용기가 필요한 일이다. 소유의 삶을 실천한다면 부의 관점을 학습할 수 있다.

집을 매수하겠다는 결심 후에도 쉽게 움직일 수 없었다. 구체적인 부동산 매수 방법을 몰랐기 때문이다. 여전히 부동산을 공부하지 않은 자책과 후회로 시간을 보내기 바빴다. 그도 그랬던 것이, 당시는 연일 부동산 가격이 폭등하며 무주택자들에게 엄청난 박탈감을 안겨주던 때였다. 2017년 첫 사회생활 시작 후, 쉬지 않고 일했다. 불행히도 그사이 집값은 꾸준히도 올랐다. 연차가 쌓이면서 직업적 성취는 사라지고, 빠르게 오른 집값으로 인한 상실감이 그 자리를 대신했다. 그뿐만 아니라, 아버지의 투병이 겹쳐 더 나 자신이 초라하게 느껴지는 순간이었다. 분노는 나를 향했는데, 애초에 이런 상황을 준비하지 못한 안이함에 대해 반성했다. 그러나 언제까지나 후회와 분노로만 시간을 보낼 수 없었다. 남은 것은 '실행'이었다.

2장

나의 첫 부동산 매수 실패 경험

"내 집 마련을 위해 할 수 있는 것은 다 해보자." 본격적으로 투자 공부를 시작해야겠다고 마음먹었다. 부동산 책 10권을 연달아 읽었다. 퇴근하고 돌아오면 몸이 천근만근이었다. 그러나 매일 어김없이 책상 앞에 앉았다. 하루 2~3시간 공부하는 것을 원칙으로 삼았다. 부동산 초보가 선택할 수 있는 가장 좋은 방법은 관련 서적을 여러 권 반복해서 읽는 것이었다. 10권 정도 책을 읽으니, 투자 기초 지식을 빠르게 터득할 수 있었다. 이후 유튜브, 블로그를 보며 투자 인플루언서들의 각기 다른 관점을 살폈다. 투자자들이 제시하는 전략은 각양각색이었는데 한 가지 공통점이 있었다. 앞서간 선배들은 현장에서 경험으로 체득하는 부동산 공부를 강조했다.

첫 주택은 서울과 수도권 부동산으로 해야 한다는 의견이 많았다. 그러나 서울 부동산 시장에서는 선택지가 거의 없었다. 이미 서울과 수도권 아파트는 지난 몇 년간 꾸준히 상승했기 때문이었다. 대안으로 빌라 시장이 먼저 눈에 들어왔다. 이후 수 차례 방문하며 매수를 고려했던 지역은 서울 은평구에 있는 모 빌라였다. 투자를 고려했던 이유에는 몇 가지가 있었다.

- 서울, GTX A 역세권에 위치
- 인근 재개발 이주 수요로, 추후 전세금 상승 예상
- 갭 1천만 원 내외로 가능했던 적은 투자금

고민 끝에 투자하지 않기로 했다. 이유는 간단했다. 영 내키지 않았기 때문이다. 실제 현장에 방문해보니 이 빌라 매물 내부는 생각보다 더 열악했다. 1980년대에 지어진 빌라는 다 쓰러져가는 반지하였다.

"겨울에 동파되었다고 연락이 오면 어떡하지?" "혹시라도 임차인하고 분쟁이 생기면 어떡하지?" 별의별 생각이 다 들었다. 이후로도 서울에 있는 다른 빌라를 매수하러 현장을 찾았다. 그러나 내가 가진 종잣돈으로 구할 수 있는 서울과 수도권 빌라

나는 소유의 삶을 살기로 결심했다

매물은 모두 비슷한 조건이었다. 너무 낡았거나, 사람들이 선호하지 않는 입지에 자리한 경우가 많았다. 무엇보다도 거기에 살고 싶지 않았다. 내가 살고 싶지 않은 곳이면, 높은 확률로 다른 이들도 마찬가지일 것이라 짐작했다. 이후 첫 주택은 '빌라 말고 아파트로 해야겠다'고 다짐했다. 관리하기 편하고 임차인과 분쟁 요소가 적은 '발 뻗고 잘 수 있는 부동산'은 이후 내 부동산 투자에 있어 중요한 기준점이 되었다.

아파트 위주로 다시 투자를 검토했다. 여러 후보지 중, 한 경기도 2기 신도시 아파트가 눈에 들어왔다. 다음과 같은 이유로 투자를 고려했다.

- 2기 신도시, 서울 접근성 용이
- 3억대 신축 아파트
- 당시 비규제 지역
- 추후 교통망 개선 등 호재

당시에 놀라웠던 것은 수도권에 2~3억대 신축 아파트가 존재한다는 사실이었다. 교통망이 더 추가되면 추후 서울로의 접근성도 더 획기적으로 개선될 여지가 있었다. 당시 해당 신도시는 규제에서도 자유로웠다. 따라서 당시 부모님과 한 세대로 묶인 내가 해당 아파트를 매수하더라도 취득세 중과 없이 매수할 수 있었다. 매수를 서두르지 않고, 차근차근 현장을 둘러본다는 생각으로 아파트 매물을 살펴보았다. 지역을 천천히 둘러보며, 마음에 드는 매물을 하나씩 정리하며 엑셀 시트를 채웠다.

그러나 추석 연휴가 지나면서 해당 부동산 시장은 뜨겁게 달아오르기 시작했다. 'GTX 뉴스'와 '비규제 지역 풍선 효과'가 상승 재료가 되어 부동산 상승세를 부채질했다. 정부가 부동산 규제 지역을 연이어 발표하면서, 수도권 유일 비규제 지역이었던 이곳에 투자 수요가 증가했다. 여기에 당시 임대차 3법으로 전셋값이 상승하자, 불안감을 느낀 실수요자까지 매매 행렬에 동참했다. 순식간에 해당 일대의 부동산이 급등하기 시작했다.

부동산 폭등장을 처음 겪는 나는 허둥지둥할 수밖에 없었다. 차근차근 매물을 둘러보려던 계획을 접었다. 기회가 있으면 바로 매수해야겠다는 결심을 했다. 이후 인감과 가계약금을 챙겨서 10여 곳이 넘는 부동산 문을 두드리기 시작했다. 동시에 "바로 계약할 수 있다"는 강력한 의지를 부동산에 어필했다. 그러나 아무리 요청해도 집주인들의 계좌를 받을 수가 없었다. 불과 일주일 전, 3억 5,000만 원이었던 아파트가 순식간에 4억, 4억 2,000만 원으로 호가가 뜀뛰기를 했다. 높은 호가는 실거래 가격으로 바뀌기 시작했다. 웃돈을 얹어서 돈을 더 주겠다고 해도 집주인들이 계좌를 주지 않는 상황도 발생했다. 전국에서 몰려온 투자자들이 집도 안 보고 계좌에 돈을 입금해버리는 일이 허다했다. 그들은 해당 지역의 아파트가 너무 저렴하다고 했다. 집을 사려고 마음먹었던 당일, 몰려온 투자자와 실수요자가 부동산 중개소에 얽혀서 인산인해였다.

"계좌를 달라." "계좌 못 준다." "집 안 보고 계약하겠다." "방금 전화 와서 다른 분이 계약했다." 정신없었던 그날의 현장은 꽤 큰 충격이었다. 너무나 어이가 없어서 매수 생각을 포기하고 몇 분간을 앉아 있었다.

'집이라는 큰 상품을, 직접 눈으로 보지 않고도 계약금을 입금해버릴 수 있구나.' '상승장에서는 빠른 실행이 더 나을 수 있겠다.' '아무리 노력해도, 상승장에서는 그 노력이 통하지 않을 수 있겠다.' 등의 생각들이 스쳐갔다.

지금 와서 복기해보면 다행이다. 이후 해당 지역이 규제 지역으로 바뀌며 투자 열기가 빠르게 식었다. 이후 아파트 시세는 하락하고, 역전세 이슈까지 발생했기 때문이다. 그러나 당시에는 분하고 속상했다. 자주 임장을 가고, 세세하게 분석하다 보니 이미 물건에 푹 빠져 있었다. 무엇보다 열심히 노력했지만, 원하는 결과를 얻지 못했다는 사실이 참 속상했다. 당시 집에서 해당 신도시까지 왕복 100km 거리를 수차례 오가며 아파트 매수를 위해 부단히 공부하고 노력했기 때문이다. 그렇게 원했던 아파트 매수에 실패하며, 당장 내 집 마련의 꿈은 좌초했다. 하

지만 포기할 수 없었다. 이번 일을 기회 삼아 더 본격적으로 부
동산을 공부하기로 마음먹었다.

나는 소유의 삶을 살기로 결심했다

3장

생애 첫 집을 마련하다

"이번에는 절대로 실패하지 않는다." 다시 한번 마인드셋을 새롭게 했다. 2기 신도시 아파트 매수 실패 직후였다. 당시 간과한 사실이 있었다. 매도자 우위로 빠르게 전환되고 있는 서울과 수도권 부동산 시장의 흐름이었다. 지난 경험을 기반 삼아 다음과 같이 부동산 투자 기준을 세팅했다.

- 마음 편한 (관리가 수월한) 부동산
- 매수자 우위 (주택 공급이 부족할 것으로 예상되는) 지역
- 전세가율이 높아 투자금이 적게 들어가는 지역

- 실수요가 선호하는 지역과 아파트
- 미래에 교통망이 획기적으로 개선될 지역

위 기준을 적용하여 매물을 찾기 시작했다. 자연스레 수도권에서 전국으로 그 범위가 넓어졌다. 여러 후보지 중에서 강원 지역 부동산이 눈에 들어왔다. 해당 지역은 2018년과 2019년에 대규모 아파트 공급이 쏟아지며 부동산 매매 심리가 얼어붙었다. 당시 아파트 미분양이 속출했고, 지역민들의 비관이 가득했다. 그러나 비관이 정점에 달했을 때가 바닥이었고 또 기회였다. 2019년 후반부부터 아파트 월 거래량이 조금씩 늘어나며 매매가가 상승하기 시작한 것이다. 때마침 투자를 고려한 2020년 하반기는 해당 부동산의 상승장 초입이었다.

매수하려는 아파트의 전세가율은 85% 이상으로 상당히 높았다(전세가율이란 주택 매매 가격에 대비한 전세 가격의 비율을 뜻한다). 단순히 전세가율만 높았던 것도 아니다. 지역 주민이 가장 선호하는, 이른바 대장 아파트였기 때문이다. 학군, 교통, 공원, 상권 등 핵심지 인프라를 누릴 수 있어 인기가 많은 곳이었다. 무엇보다도 3,000만 원 이내의 투자금으로 지역 대장 아파트를 매수할 기회였다.

마음 편한 (관리가 수월한) 부동산	준 신축 아파트
매수자 우위 (주택 공급이 부족할 것으로 예상되는) 지역	매수 시점 이후 3년간 수요 대비 공급 물량 적음
전세가율이 높아 투자금이 적게 들어가는 지역	전세가율 85%, 자본금 3,000만 원으로 투자 가능
실수요가 선호하는 지역과 아파트	학군, 교통, 공원, 상권 등 지역 모든 인프라를 누릴 수 있는 곳

강원 부동산이라고 할지라도, 편견을 덜어내면 좋은 투자처가 될 수 있다고 판단했다. 당시 이미 오를 대로 오른 서울과 수도권의 못난이 매물을 사는 것보다 훨씬 나은 투자가 될 수 있었다. 투자를 고려한 도시는 강원도 4대 지역 중에서 인구가 가장 많았다. 수도권과도 가까웠다. 교통이 계속해서 좋아지고 있어 서울 청량리까지 기차로 약 40분 만에 이동이 가능해졌다. 지속적인 교통망 개선, 일자리 확충, 각종 개발 사업 덕인지 지난 10년간 인구도 지속해서 증가하고 있는 도시였다.

하나의 지역을 정한 후 다음 할 일들을 일사천리로 진행했다. 가진 종잣돈으로 매수할 수 있는 아파트 리스트를 모두 출력했다. 부동산 사무실 여러 곳에 급히 전화를 돌렸다. "마침 5층에 매물이 하나 나왔어요. 투자로 약 3,000만 원 종잣돈이면 가능할 것 같네요. 집도 깨끗하고요, 한번 보러 내려오셔요."

중개인과의 전화로 실제 매수하려는 매물 정보를 빠짐없이 메모했다. 해당 지역 스터디도 모두 끝났다. 직접 가서 눈으로 현장을 확인하고 매수를 결정하는 일만 남아 있었다.

아파트 매수를 위해 금요일 오후 반차를 냈다. 차로 2시간을 운전해서 이 지역에 도착했다. 현장 조사를 하고, 동네 주민을 만나 이야기를 들어보기도 했다. 몇 시간 동안 하염없이 동네 중심 상권을 걸어보기도 했다. 중심 상권은 서울 번화가 못지않게 많은 유동 인구와 상가로 즐비했다. 오히려 서울 일부 구도심 상권보다도 활기가 있다고 느껴질 정도였다. 종종 언급되는 지방 중소도시 소멸이라는 뉴스와는 거리가 멀게 느껴졌다. 이후 매수를 결정한 5층 매물도 둘러봤다. 저층인 점이 걸렸지만, 당시에 이 집 말고는 아예 매수가 가능한 집이 없었다. 아파트 가격 상승 낌새를 눈치챈 집 주인들이 매물을 거둬들이고 있었기 때문이었다. 유일했던 이 집은 중개인 말대로 갭 3,000만 원이면 매수가 가능했다. "이 집으로 하겠습니다." 부동산 중개인에게 매수 결정을 알렸다. 이후 계약금을 보내고, 계약서 작성일을 조율하는 일이 남아 있었다.

'드디어 내가 첫 집을 매수하는구나!' 생각만 해도 벅찬 순간이었다. 기대도 잠시 중개인으로부터 전화가 왔다. "아이고 미안해요. 매도자가 계좌를 줄 수 없다고 하네요." 이게 무슨 말인가. '이번 아파트 매수를 위해 반차를 내고 2시간 넘는 거리를 운전해서 달려왔는데 계좌를 받을 수 없다니!' 이 지역 또한 빠르게 매도자 우위 시장으로 재편되고 있었다. 나와 비슷한 생각을 하는 발 빠른 투자자들이 이 지역으로 속속 진입하고 있었다. "일단 오늘은 서울로 돌아가시고, 다음을 기약하시죠." 중개인은 "추후 좋은 물건으로 보답하겠다"라는 말로 훗날을 기약하자고 했다. 그러나 이대로 집에 갈 수는 없었다. 지난 김포신도시 부동산 매수 실패 교훈을 떠올렸다. 이대로 서울로 돌아가면 다시 내가 이곳에 와서 매수할 확률은 극히 낮았다. 매수자 우위 시장으로 재편되고 있는 현 시점에서 내게 다시 기회가 올 수 있을지도 의문이었다. 결국 1박을 하기로 결심했다.

"이대로 돌아갈 수는 없어! 어떻게든 집을 매수하고 돌아갈 것이다." 1박을 결정하고 나서 그날 저녁 8시까지 하염없이 집주인의 연락을 기다렸다. 하지만 그날 밤까지도 집주인의 계좌는 받을 수가 없었다. 부동산에서는 "집주인이 매도 고민을 계속하고 있다"라는 말을 반복할 뿐이었다. 허탈한 마음으로 잠자리에 들었다. 아무리 노력해도 내 힘으로는 도저히 할 수 없는 영역이 존재하는 것 같았다.

다음 날 오전, 일어나자마자 다른 부동산에도 연락을 돌렸다. 그중 한 부동산에서 연락이 왔다. 시간은 오전 8시. "마침 여기 방금 나온 매물이 있는데 보러 오실래요?" 아무런 기대감 없이 해당 매물을 보기 위해 부동산과 약속을 잡았다. 놀랍게도 전날 봤던 집보다 고층에 있는, 더 깨끗한 집이었다. 이미 완벽히 지역 공부가 되어 있었던 덕에 고민은 짧게 끝낼 수 있었다.

"이 집으로 하겠습니다" 집을 둘러본 지 5분 만의 결정이었다. 막상 매수하겠다고 선언하니 매물을 보여준 부동산 중개인은 당황한 눈치였다. 서른 살 청년이 잠깐 매물만 구경하고 돌아갈 줄 알았나 보다. 나중에 알고 보니 매수를 위해 이 매물을 직접 보러오겠다고 나보다 먼저 약속한 기존 손님도 있었다.

매수 결정 후, 계약서에 사인하러 부동산 사무실로 이동하는 길에 원래 매수를 고려했던 투자자 그룹을 마주쳤다. 그때가 오전 9시쯤이었다. 황당한 표정으로 나를 보는 그들의 시선이 느껴졌다. 이미 오전 8시에 매물을 둘러보고, 매수까지 결정한 사람이 존재한다는 것이 당황스러웠으리라.

부동산 상승장에서 투자를 시작하면서 느낀 바는 '준비가 된 사람에게 그 기회가 돌아간다'는 사실이다. 상승장에서는 투자에 확신이 섰다면, 남들보다 더 빨리 움직여야 원하는 좋은 매물을 얻을 수 있다. 원하는 매물 발견 시 바로 가계약금을 송금할 수 있게 은행OTP를 챙기거나, 미리 이체 한도를 점검하는 등 세세한 노력도 필요하다. 반대로 부동산 침체장에서도 해야 할 일은 분명하다. 시장 소음에 귀 기울이는 것이 아니다. 꾸준한 공부와 임장을 하며 지역 분석을 틈틈이 하는 것이다. 그래야 추후 다가올 상승장에서 기회를 잡을 수 있다. 미리 공부가 되어 있어야 좋은 급매물을 내 것으로 만들 수 있다.

순탄치 못했던 매수 과정

매수 계약서를 작성하며, 잔금은 넉넉히 3개월 후에 치르기로 정했다. 당시에는 중도금 설정의 중요성을 몰랐다. 머릿속에는 오직 계약금 입금 후 잔금을 치르면 된다는 생각뿐이었다. 계약 후, 한 달이 흐른 시점 매매가가 급격히 상승하기 시작했다. 매수한 지역에 대한 뉴스가 연이어 보도되었다. 매매가 급등으로 인한 불똥은 내게로 튀었다. 매도인은 배액배상을 감안하더도 매도 계획을 철회하고 싶어 했다. 나중에 안 사실이었는데 계약금만 걸려 있는 상황에서는 매도인이 의지만 있다면 언제든지 계약을 파기할 수 있었다. 계약을 해지하는 쪽에서 기존 계약금의 2배를 당사자에게 지급하면 그만이었다.

중도금이 들어가면 그 계약을 무를 수 없다. 당시에 얻은 교훈 이후로 상승장에서는 계약일부터 잔금까지의 기간을 최대한 줄이고, 중도금도 설정해야겠다고 생각했다. 인터넷을 통해 찾아보니 배액배상을 막는 여러 방법이 존재했다. 매수인이 매도인과의 협의 없이 계좌에 중도금이랍시고 일부 현금을 입금해버리는 일도 있었다. 솔깃했지만, 그래도 예의를 갖춰 순리대로 매수를 진행하고 싶었다. 부동산을 통해 매도인에게 중도금을 입금하겠다는 연락을 한 후 안심할 수 있었다. 나머지 매수인들은 모두 배액배상으로 계약이 파기되었다는 소문이 돌

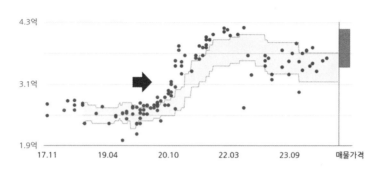

아파트 매입 시점(화살표)

아파트 매입 후, 본격 상승세가 시작된 해당 지역 부동산 시장

왔다.

계약 당일, 나와 매도인 그리고 임차인 3자가 만났다. 대뜸 임차인이 묻는다. "집 3개월 후에 매도하실 것은 아니죠?" 내가 멍해진 표정을 짓자, 이어서 임차인이 덧붙인다. "아, 잘 모르실 것 같아서. 여기가 워낙 롤러코스터처럼 집값이 뛰는 곳이거든요." 추측하건대 아마도 임차인은 집주인이 이제 갓 서른 살이 된 젊은 친구라는 게 영 마음에 안 들었나 보다. 상승장에서는 계약 후 잔금까지 기간이 길어지면 이런 불편한 말을 들을 수 있다는 사실을 배웠다. 상승장에서는 매도인과 임차인의 정서 케어 또한 새로운 집 주인의 몫이었다.

결과적으로 첫 주택 마련에 자본금 3,000만 원을 투입했다. 지역 주민들이 가장 선호하는 아파트를 3,000만 원에 마련한

나는 소유의 삶을 살기로 결심했다

것이다. 억 단위 타인의 자본(전세금)을 무이자로 조달해서 아파트를 마련할 수 있다는 사실이 그저 놀라울 따름이었다.

매수한 강원 a지역 대장 아파트

매수 가격	3억 1,500만 원
전세 가격	2억 8,500만 원
실제 투자금	3,000만 원

직장보다 내 집 한 채

우여곡절 끝에 생애 최초 등기권리증을 손에 쥘 수 있었다. 당시 느꼈던 바는 '직장보다 내 집 한 채'였다. 회사밖에 몰랐던 내가 비로소 내 집을 장만하며 자유로움과 해방감을 맛볼 수 있었다. 뒤처지기만 했던 자본주의 레이스에서 비로소 원점에 서는 기분이었달까. 이후 여러 자산을 취득하면서도 이날만큼의 행복감은 느껴본 적이 없다. 그만큼 첫 주택 마련은 삶의 전환점이 된 사건이었다.

'드디어 삶의 각도를 틀었다'라는 생각이 들었다. 첫 집을 마련하며 거대한 삶의 바다에서 피봇팅을 했다. 그것은 소유의 삶이었다. '당장은 큰 차이가 없겠지만, 시간이 흐를수록 원하는

삶에 가까워질 것이다.' 그 생각을 믿고 나아가야겠다고 다짐했
다.

나는 소유의 삶을 살기로 결심했다

4장

내가 지방 아파트에 투자한 이유

수도권 지역의 부동산 소장이 내게 묻는다. "왜 그 지역 부동산을 사셨어요? 여기 사시면 될 텐데요." 이제 막 지방 아파트를 매수했던 시점이었다. 마치 조소하는 듯한 소장의 표정과 말투는 내 기분 탓일까. 애써 궁금한 척 내가 다시 묻는다.

"이 아파트는 얼마의 투자금이 필요한가요?" "글쎄요? 그래도 최소 1억 원은 있어야겠죠." 아파트를 매수하고 싶다고 했을 때 주변의 반응은 늘 이런 식이었다. "야 거기를 왜 사? 부동산은 서울이지." 하지만 구체적인 방법을 제시하는 사람들은 없었다. 서울 부동산이 좋다는 것은 누구나 안다. 구체적인 솔루션

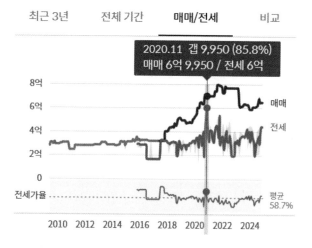

최근 3년   전체 기간   **매매/전세**   비교

2020.11 갭 9,950 (85.8%)
매매 6억 9,950 / 전세 6억

갭 1억 원으로 투자가 가능했으나, 이후 하락세가 시작된 수도권 아파트

없이 누구나 아는 정답지부터 제시하는 사람들의 태도는 오히려 자랑처럼 느껴졌다. 서울 부동산 중에서도 급지를 나눠 강남이 최고라는 식이었다. 그러나 투자의 기본이 '일정 기간 적은 투자금으로 최대의 수익을 노리는 것'이라면, 반드시 서울 부동산만이 정답이라고 할 수는 없었다.

당시 부동산 소장이 소개해준 수도권 아파트를 사기 위해서는 최소 1억 원의 종잣돈이 필요했다. 만일 그때 1억을 투자해서 해당 부동산을 매수했더라면, 이후 이어진 하락장에서 역전세를 면치 못했을 것이나.

당시 매수가 6억 9,000만 원, 전세가 6억 원이던 아파트가 2년

나는 소유의 삶을 살기로 결심했다

이 흘러 매수가 6억 2,000만 원, 전세가 4억 원 수준으로 하락했다. 매매 시세가 하락은 둘째 치고, 전세 시세는 더 크게 하락했기 때문에 최소 역전세 2억 원이 발생했을 것이다.

매수 가격	6억 9,000만 원	
전세 가격	6억 원	
실제 투자금	0원	
매매 가격*2년 후	6억 2,000만 원	*기존 매가 대비-7,000만 원
전세 가격*2년 후	4억 원	*기존 전세가 대비-2억 원

상상만 해도 아찔하다. 2020년 하반기부터 2022년까지 무리해서 서울과 수도권의 핵심지에 있는 부동산을 전세 레버리지 투자로 접근했다면, 분명 자금 계획에 문제가 발생했을 것이다. 자산이 제 가치를 평가받기도 전에 역전세 자금을 마련해야 했을 테니까 말이다. 현금 여유가 있다면 상관없지만, 이제 막 시작해보려는 사람에게 역전세 이슈는 치명적이다. 역전세로 메꿔야 할 현금 마련은 둘째 치고, 그 과정에서 지쳐서 시장을 이탈할 수도 있기 때문이다. 더 많은 자금이 묶이면 그만큼 시장에서 다른 기회를 놓칠 수도 있다. 기존 투자를 고려했던 김포 신도시 아파트 또한 최소 1억 원 투자금이 필요했다. 이 지역에 투자했더라면, 마찬가지로 역전세 이슈가 발생했을 것이

다. 따라서 투자 관점에서 입지만큼 중요한 것은 타이밍과 수익률이다.

반면 같은 시기에 매수한 지방 아파트 투자 결과는 달랐다. 강원 지역 아파트 매수에는 자기 자본 3,000만 원을 투입했다. 투자금 대비 수익률은 여전히 200%를 상회한다. 2021년 2월 매수 후 2년이 지났을 때도 기존 전세 보증금과 동일하게 임대차 계약을 연장했다. 서울과 수도권 시장과 다르게 역전세는 없었다. 시간이 흘러 현재 전세 시세는 매매 가격을 추월했다. 전세 가격을 올려 추후 몇 년간 아파트를 계속 보유한다면, 투자금은 전부 회수하고, 전세 보증금을 지속해서 올려 자금을 조달할 수도 있는 것이다.

매수 가격	3억 1,500만 원	
전세 가격	2억 8,500만 원	
(예상) 매도 가격	3억 8,000만 원	
수익금(매도 차익)	6,500만 원	
수익률	216%	수익금/최초 투자금×100
투자 기간	4년	

돌이켜보면 당시 폭등하던 서울과 수도권 부동산을 피한 것은 잘한 선택이었다. 무리하지 않는 선에서 지방 아파트에 투자

나는 소유의 삶을 살기로 결심했다

하면서 자산 포트폴리오 분산 효과도 볼 수 있었다. 또한 영끌 매매하지 않았기 때문에 마음 놓고 다른 투자처를 볼 수 있는 여유도 생겼다.

투자 공부를 할 때 명심해야 할 사항이 있다. 전문가들의 말을 무조건 맹신하면 안 된다는 것이다. 많은 전문가의 예측은 당시 부동산 상승장이 지속된다는 믿음에 기반했다. 그러나 하락장이 시작되자 다음과 같은 부동산에 투자를 진행했던 사람들이 큰 고통을 겪기 시작했다.

- 무갭이나 적은 투자금에만 중점을 둔 투자
- 특정 지역(서울·수도권 등)만 고집한 투자
- 무리하게 큰 투자금을 들여 진행한 투자

부동산 공부 초기에는 특정 투자자나 인플루언서의 관점만 배우는 것을 추천하지 않는다. 오히려 초보일 때 다양한 부동산 투자 관점을 익히는 것이 더 중요하다. 이후 스스로 투자 원칙을 세우고, 작은 시도 횟수를 늘려가는 것이 맞다고 생각한다. 내가 선택한 전략 역시 종잣돈을 쪼개서 작은 시도를 늘려가는 것이었다. 이후 나의 자산 포트폴리오는 아파트, 무인 매장, 상업용 건물, 주식과 비트코인 등으로 분산되었다. 당연히 그 과정에서 투자 지식과 경험은 축적되었다.

처음부터 서울 강남과 같은 A급지에 갈 수 없다면, 우선 약 5,000만 원 내외의 금액으로 지방 핵심 지역 내 대장급 아파트에 투자하는 것이 방법이 될 수 있다. 좋은 투자는 비용을 적게 들여 상방이 열려 있는 우량한 자산을 매입하는 것이다. 물론 내가 투자했던 2020년 시장 상황과 글을 쓰는 현재 2025년 시장 환경은 다르다. 그러나 현재도 여전히 투자의 기회가 보이는 지역들이 많다. 그렇다면 지방 부동산 투자 시 고려 요소는 무엇이 있을까?

실수요자가 선호하는 지역과 아파트

지방 부동산 핵심지는 대개 명확하다. 상업지, 관공서 그리고 학군이 모두 특정 지역에 집중되는 경향이 있기 때문이다. 따라서 어쩌면 서울과 수도권 부동산보다 더 간단하게 정답지를 찾을 수 있다. 지방 부동산에 투자한다면, 실수요자가 선호하는 대장급이나 그에 준하는 아파트에 집중해야 한다. 지방 실수요자는 구축보다는 신축을, 역세권보다는 학군지를, 작은 평수보다는 큰 평수를 선호하는 경향이 있다. 실수요자가 선호하지 않는 아파트는, 추후 전세를 세팅하거나 매도할 때 어려움을 겪을 수 있으므로 주의가 필요하다.

수요와 공급

서울에 비해서 인구 규모가 작은 지방 부동산 시장은 공급 물량에 민감하게 반응한다. 한편으로는 거시 경제 지표만큼 중요한 것이 지역 내 부동산 수요와 공급 지표다. 과거 글로벌 경제 위기 이후, 오히려 상승을 시작한 창원 부동산 시장이 대표적인 예다. 2009년부터 2013년까지 부족했던 부동산 공급은 창원 부동산 시장 상승을 이끌었다. 이후 2014년부터 약 5년간 꾸준히 공급이 이어지며, 창원 부동산 시장 상승장은 막을 내렸다. 부동산 시장은 주식 시장과 달리 공매도가 존재하지 않는다. 따라서 특정 지역의 부동산이 5년간 상승했다면 이후 5년간은 하락할 확률이 높다. 그 이유는 부동산 상승장 때 대체로 신규 주택 분양과 착공이 진행되기 때문이다. 상승장이 가파를수록, 추후 공급 물량은 늘어날 확률이 높다. 따라서 상승장이 길어질수록 이후 하락장 또한 길어질 확률이 높다. 따라서 투자하려는 지역 내의 수요와 공급 물량은 반드시 체크해야 한다.

지역 경제

지역 내 인구가 급감하거나, 경제 상황이 악화하면 지방 부동산은 장기 침체의 늪에 빠질 수 있다. 조선업 의존도가 높은 거제 부동산이 대표적이다. 2010년대 중반 조선업 불황이 시작되며 거제 부동산은 높은 주택 보급률과 실수요 급감으로 어려움을 겪는 중이다. 2021년부터 조선업 경기가 되살아나고 있다. 하지만 외국인 노동자 인력이 대부분인 탓에 아파트 매수를 받쳐줄 실수요가 부족한 상황이다. 반대로 새로운 일자리 혹은 국가 주도형 미래 산업을 유치하는 지역 부동산의 전망은 밝을 것이다.

나는 소유의 삶을 살기로 결심했다

5장

또 한 번의 용기, 두 번째 주택 소유

여러 투자를 하면서 드는 생각이 있다. 대중과 반대로 움직여야 더 자유로워질 수 있다는 것이다. 대중과 반대로 움직인 선택이 가장 결과가 좋았고, 또 좋을 것이다. 시장에서 모두가 달릴 때는 쉬어가는 것이 더 좋다. 오히려 모두가 시장을 떠나려고 할 때는 어떻게든 그 자리를 지키고 서 있어야 한다. 그리고 진입해야 한다. 모두가 특정 자산에 열광하기 시작할 때 진입해서 일부 수익을 보는 것도 좋은 전략이다. 그러나 노력의 과실은 크지 않을 것이다. 하락장에서도 수익을 낼 수 있는 투자처는 늘 존재한다.

2022년 부동산 하락장에서는 되려 주택을 추가로 구매하겠다는 용기를 냈다. 부동산 열기가 가장 차갑게 식고 있는 전남에 투자로 집을 마련하기로 결심한 것이다. 투자 공부와 경험은 축적의 삶을 가능하게 도와준다. 두 번째 주택 매수 과정에서는 지난 부동산 투자 경험을 모두 활용했다. 블로그로 만난 선배 투자자들도 많은 조언을 해주었다. 특히 매매 계약서에 잔금 조건과 명의 특약 등 원하는 조건들을 모두 넣을 수 있었다. 무엇보다도 해당 지역 최저가로 원하는 매물을 골라서 매수할 수 있었다.

투자를 고려한 이유는 다음과 같다.

- 지방 신도시
- 준신축 아파트
- 당시 비규제 지역
- 추후 수요 대비 공급 물량이 적음
- 풍부한 일자리 수요

지역 아파트 단지 임장을 위해 금요일부터 일요일까지 2박 3일간 시간을 썼다. 2022년 여름 당시, 이미 해당 지역 부동산은 1년 전부터 가격이 하락하고 있었다. 즉 철저한 매수자 우위 시장이었다. 매도 거래는 잘 되지 않은 데 비해서, 전세 매물은

나는 소유의 삶을 살기로 결심했다

거의 없었다. 따라서 당시 시장 최저가로 원하는 매물을 매수할 수 있다면, 약 1,000만 원 내외로도 부동산 매수가 가능할 것 같다고 판단했다.

다만 원하는 가격대의 매물을 찾기가 쉽지 않았다. 당시 시장 최저가로 매물을 사야 한다는 원칙을 지키고 싶었기 때문이다. 원하는 매물이 나올 때까지 느긋하게 기다렸다. 시간이 흘러 네이버 부동산에 2억 4,000만 원에 나와 있는 매물을 확인했다. "2억 2,000만 원에 매수하겠습니다." 큰 기대 없이 부동산에 연락했다. 당시 매매 시세보다 2,000만 원을 더 네고한 가격이었고, 최저가였다.

사실 제시한 가격은 당시 시장 상황에서 매도인이 당장 받아들이기 어려운 것이었다. 따라서 큰 기대를 하지 않았던 것은 당연하다. 그러나 매수인 우위 시장이었기에, 충분히 원하는 가격을 던져볼 수 있었다. 놀랍게도 이후 부동산에서 연락이 왔다. "매도인 사정이 급해 2억 2,000만 원에 거래하겠다고 하네요." 기대 없이 던진 매수 희망 가격이 곧 매매 가격이 되었다. 시세보다도 약 10% 더 저렴한 가격이었다. 결국 아파트 최고 거래가보다 약 25% 하락한 가격에 해당 매물을 매수했다. 이렇게 좋은 가격에 두 번째 주택을 마련할 수 있었던 이유는 '미련 없는 마음'에 있었다. 다른 선택지가 충분히 더 있었기 때문에 원하는 가격대의 매물을 얻을 때까지 느긋하게 기다릴 수 있었다.

매수한 두 번째 집은 첫 번째 집과 마찬가지로 준신축 아파트로, 관리가 수월할 것으로 예상되었다. 초등학교와 가깝고, 인근에 신축 도서관도 들어설 예정이라 지역 주민들이 선호하는 아파트였다. 중심 상권을 이용하기에도 편리했다. 매수 원칙에 딱 들어맞았다.

아파트를 매수하면서 세운 당시 전략은 이러했다. 가을 전 최저가로 아파트를 매수한다. 이후 전세 시세를 조금 더 낮게 세팅해서 추석 전에 임차를 맞춘다. 그렇다면 필요한 투자금은 약 1,000만 원 정도였다. 모든 것이 예상대로 순조로웠다. 8월 계약 후, 2주 만에 전세를 문의받았다. 투자금을 1,000만 원만 필요했으므로 최상의 시나리오였다. 당시만 해도 이후 어떤 일이 일어날지 전혀 알지 못했다.

기존 계획

8월 계약	9월 추석 연휴	11월 잔금
당시 시세 대비 최저가로 주택 매수	다른 투자자보다 선진입하여 전세 세팅	잔금 및 등기 계획

매수 가격	2억 2,000만 원
전세 가격(예상)	2억 1,000만 원

　　　　　　　　　　　　　나는 소유의 삶을 살기로 결심했다

실제 투자금(예상)	1,000만 원

전세 계약을 일주일 앞두고, 세입자 측에서 돌연 계약을 취소하겠다는 연락을 했다. 사정을 들어보니 당시 지역의 전세 가격이 하락하고 있기 때문이었다. 시장에서 집 매도 거래가 잘 안 되자 임대인들이 매도하려던 집을 전세로 놓기 시작한 것이다. 전세 물량이 증가하면서, 경쟁 매물이 더 많아졌다. 그렇게 추석 전에 임차를 맞춘다는 계획이 틀어졌다. 이후 전세 문의는 급감했고, 골든 타임을 놓치면서 잔금일이 다가왔다. 잔금일을 앞두고 매일 피가 마르는 경험을 했다.

신이 도왔는지 잔금일을 2주 앞두고, 기적처럼 전세를 맞출 수 있었다. 새로운 임차인은 법인으로, 직원들의 사택 용도로 집을 사용할 것이라고 했다. 다만 타이밍을 놓친 대가로, 갭 투자금은 처음 예상했던 1,000만 원보다 3배 더 증가한 3,000만 원이 되었다.

매수한 전남 a지역 아파트

매수 가격	2억 2,000만 원
전세 가격	1억 9,000만 원
실제 투자금	3,000만 원

결과적으로 현 시점에서 복기해보면 잘한 투자가 되었다. 매수한 아파트는 잔금 입금 이후 5% 가량 더 추가 하락했지만, 이후 빠르게 반등했다. 전세 가격은 매매 가격만큼 상승했다. 추후 해당 지역에 주택 공급량이 대폭 감소하므로 전세와 매매가 모두 천천히 우상향할 것으로 예상한다. 임차인이 법인인 것도 장점이다. 법인 임차인은 임대차보호법에 적용받지 않는다. 따라서 선택지가 많아졌다. 매수 시점으로부터 2년 후, 전세 보증금을 시세에 맞게 올려서 현금 흐름을 얻을 수 있다. 혹은 4년 후 시세에 맞춰서 정상 가격에 매물을 매도하고 수익을 실현해도 된다. 즉 앞으로는 어떤 전략을 취해도 성공한 투자가 된다.

다만 이번 투자 경험을 통해서 얻은 교훈도 있다. 복기해보면 두 번째 주택 매수는 첫 주택을 마련하던 상황과는 완전히 다른 환경이었다. 첫 주택은 상승장 초입부에 진입한 투자로, 매매와 전세가가 동반 상승했다. 따라서 전세를 못 맞출까 봐 걱정하기보다는 배액배상과 같은 이슈를 걱정해야 했다.

매수 가격	2억 2,000만 원	
전세 가격	1억 9,000만 원	
(예상) 매도 가격	2억 8,000만 원	
수익금(매도 차익)	6,000만 원	

나는 소유의 삶을 살기로 결심했다

수익률	200%	수익금/최초 투자금×100
투자 기간	4년	

반대로 이번에 매수한 주택은 해당 지역 하락장 후반부에 진입한 투자였다. 속전속결로 전세를 맞춰야만 했다. 전세 물량이 부족한 지역이더라도 주의해야 할 점이 있었다. 매도 물량 또한 살펴야 하는 것이다. 매도되지 않는 매물은 언제든지 전세 매물로 전환될 수 있기 때문이다. 따라서 앞으로는 자금 여력이 빠듯한 상황에서 섣부른 예측에 기반한 투자는 지양해야겠다는 결심을 했다.

6장

전세 레버리지 투자 시 주의할 점

내 집 마련에는 단 두 가지 선택만이 필요하다. 매매해서 살거나, 전월세로 살거나이다. 이와 같은 이유로 부동산 하락장에서는 매수보다 전월세 수요가 더 높아진다. 실수요자의 매수 관망심리가 커지며, 매수 수요가 전월세 수요로 전환되기 때문이다. 따라서 이 시기에는 오히려 전월세 가격은 우상향하는 현상이 발생하기도 한다. 아파트 매매 가격은 장기간 횡보할 수는 있어도 무한히 추락할 수는 없다. 왜냐하면 실사용 가치를 나타내는 전세가가 하방을 받쳐주기 때문이다. 그렇다면 전세 레버리지 투자에서 주의해야 할 점은 무엇일까?

무갭보다 중요한 것

매매가에서 전세가를 뺀 금액이 0에 수렴하면 갭이 없다는 의미로 무갭이라 부른다. 이와 같은 '무갭'이나 '갭이 적게 들어가는 투자'에 관심을 두면 안 된다. 투자를 처음 시작할 때 가장 큰 유혹은 '소액'에만 집중하는 것이다. 더 구체적으로는 소액 투자금에만 집중해서 빨리 실행해야겠다는 조급한 마음을 경계해야 한다. 동료 집단으로부터 받는 사회적 압력, Peer Pressure는 부동산 투자에도 동일하게 적용된다. 실제 유명 부동산 커뮤니티에서는 "갭 1,000만 원에 매수 계약하고 왔습니다"와 같은 글이 올라오면 서로 축하해주기 바쁘다. 잘하고 못한 투자를 따져보기에 앞서 일단 축하해주는 것이다. 여러 채를 투자했다는 글을 보면, 나도 마음이 조급해진다. 뭐라도 성과를 내야 할 것만 같다.

비슷한 경험이 있다. 두 번째 주택 투자를 결심했을 때다. 부동산 관련 단톡방에서는 쉴 새 없이 카톡이 울린다. "매수 성공했습니다"와 같은 카톡이 마치 경쟁하듯이 올라온다. 임장 현장에 내려가고, 브리핑을 받는다. 그럴수록 하루라도 빨리 이 물건을 매수해야겠다는 생각이 든다. 조급함이 평정심을 깨뜨리는 순간이다. 미리 연락해두었던 부동산 중개소에서는 매일같이 문자가 온다. 그중에서도 한 문자가 나의 마음을 부채질한다.

"103동 301호 무갭 나왔어요. 급 건입니다. 저층이지만 학교 앞 뻥 뷰에 집 관리 잘 되어 있습니다. 전세 만기는 2024년 2월입니다."

이 아파트의 매매가는 2억 4,000만 원, 전세가 또한 2억 4,000만 원이었다. 즉 투자금을 전혀 들이지 않고도 매수할 수 있는 상황이었다. 문자 브리핑을 받고 나서 아파트를 매수하고 싶다는 생각이 꿈틀거렸다. 이성적인 사고보다 빨리 사고 싶다는 조급함이 앞지르는 순간이었다. 당시 이 지역은 매매 분위기가 하락 추세로 전환된 터라 서두를 필요도 없었다. 이미 2억 3,000만 원에 해당하는 매물도 있었다.

매수 가격	2억 4,000만 원	
전세 가격	2억 4,000만 원	
실제 투자금	0원	
매매 가격*1년 후	2억 1,000만 원	*기존 매가 대비-3,000만 원
전세 가격*1년 후	1억 8,000만 원	*기존 전세가 대비-6,000만 원

이 아파트는 이후 매매가와 전세가가 동시에 하락했다. 따라서 당시 무갭이라고 아파트를 매수했더라면 마이너스 6,000만 원 역전세까지 감당해야 하는 상황이 되었을 것이다. 투자금을

나는 소유의 삶을 살기로 결심했다

줄이는 것에만 욕심을 냈다면 어땠을까? 상상만 해도 결과는 아찔하다. 따라서 여러 차례 강조하지만, 투자금을 줄이는 것에 절대로 욕심을 내서는 안 된다. 중요한 것은 저렴하게 사는 것이다.

전세가율이 높다면 한 번은 의심하자

전세가율이 높다고 무조건 투자를 고려해서는 안 된다. 전세로 실거주하려는 수요는 많지만, 투자 가치는 없는 자산일 수 있기 때문이다. 혹은 주변에 공급이 많은 경우에도 전세가율이 높을 수 있다. 실수요가 잠깐 거주하는 용도로 매매 대신 전세를 선택했을 가능성이 있기 때문이다. 잠깐 전세로 살다가 다른 곳으로 이사 갈 수도 있는 것이다. 따라서 전세가율이 높다고 무작정 투자를 고려해서는 안 된다.

매도까지 4년이 걸릴 수 있다는 생각을 하라

계약 갱신 청구권 도입으로 2년 보유 후 매도 전략이 어려워졌다. 전세 레버리지를 활용해서 투자하면 매도까지 최대 4년까지 걸릴 수 있다고 생각해야 한다. 투자하면서 한 번 전세를 세팅하면, 2년 후 전세 보증금은 시세에 맞게 올릴 수 없다. 해당 매물을 전세를 낀 채로 시장에 내놓았을 때 수요는 제한적이다. 실수요자는 바로 실거주가 가능한 집을 찾기 때문이다. 투자자는 갭이 적은 매물을 선호한다. 따라서 전세 낀 매물은 시세 대비 저렴하게 매도할 수밖에 없다. 여기서 도출할 수 있는 인사이트는 세 가지다. 첫째는 현재 모두가 외면하는 지역 부동산에 진입해야 4년 후 성과가 좋을 것이라는 사실이다. 둘째는 계약갱신 청구권을 쓰지 않은 물건을 전세 끼고 매수하여 2년 후에 매도하는 전략을 사용하는 것이다. 셋째로, 매수자라면 전세 낀 매물을 잘 활용해서 기회로 만들 수 있다. 시세 대비 10% 이상 저렴하게 매물을 구할 수 있기 때문이다.

나는 소유의 삶을 살기로 결심했다

부의 관점을 얻는 비결, 부동산 공부

사회 초년생 시절, 예·적금만으로는 부족하다고 느꼈기에 주식으로 첫 재테크에 입문했다. 우량한 기업의 지분을 사 모으는 주식 투자도 매우 훌륭한 투자다. 그러나 내 생각에 부동산 공부가 부의 관점을 습득하기에는 가장 좋은 방법이다. 소액의 자본으로도 레버리지 효과를 극대화할 수 있기 때문이다. 쉽게 사고팔기 어려운 부동산 투자의 특성 때문에 오히려 장기적인 가치 투자가 가능하다는 장점도 있다. 따라서 부동산을 공부하기로 마음먹었다면, 이 공부가 나의 미래를 바꿀 수 있다는 확신을 가지는 것이 중요하다. 그렇다면 부동산 공부는 어떻게 시작하면 좋을까?

① 투자의 원칙과 기본기를 쌓기

가장 부동산 공부를 쉽게 시작하는 방법은 책이다. 처음에는 투자의 기본기, 마인드셋, 확고한 원칙을 기르는 것이 더 중요하다. 따라서 '투자의 기본과 원칙', '자본주의 원리'에 대해서 설명하는 책을 먼저 읽어보는 것을 제안한다. 세부적인 방법론에 집중하는 책은 실력을 쌓은 다음에 읽어도 늦지 않다. 책을 읽고 나면, 반드시 느낀 바를 요약해서 블로그에 적어보자. 책 내용을 내 것으로 만들 수 있다. 자연스럽게 글감을 발굴하면서 꾸준히 블로그를 시작하는 계기로 만들어볼 수도 있다. 이 단계에서는 독서를 하면서 나의 투자 기준과 원칙을 명확히 하는 것이 첫 번째 목표다.

② 다양한 부동산 투자 관점을 익히기

아파트, 상가, 오피스텔, 토지, 건물, 재건축, 재개발 등 부동산 종류는 다양하다. 그뿐만 아니라 청약, 일반 매매, 경매 등 그

나는 소유의 삶을 살기로 결심했다

방식도 여러 가지다. 다양한 독서와 공부를 통해 나만의 부동산 투자 기준과 원칙을 잡아가는 것이 좋다. 그렇지 않다면 주변의 소음에 끊임없이 흔들리게 된다. 이를 위해서는 부동산 서적을 최소 15권 이상 읽어보기를 권한다. 최대한 많은 방법론을 살펴보고, 그중에서도 첫 번째 투자 공부는 반드시 아파트부터 시작하기를 권한다.

③ 첫 주택 마련하기

수차례 강의를 듣고, 책을 읽어도 변화하지 못하는 이유가 있다. 지식만 채워 넣었기 때문이다. 경험상 부동산 공부는 실제 투자를 진행할 때 가장 크게 배울 수 있다. 따라서 처음에는 내가 감당할 수 있는 금액으로 투자를 실행해보는 것이 중요하다. 작은 시도의 횟수를 몇 번 반복하다 보면 나만의 투자 원칙을 확립할 수 있다. 한번 내 집을 마련하면, 끊임없이 부동산 관련 뉴스에 관심을 두고 공부하게 된다. 다만 소액 자본금에만 집중하느라, 부동산 투자의 본질을 놓치면 안 된다.

④ 급여 외 파이프 라인을 구축하기

첫 주택을 마련했다면, 다음부터는 다양한 투자 선택지가 있다. 직장인이라면, 투자로만 돈을 벌 수 있다는 생각은 경계해야 한다. 투자와 소득 창출 업무는 철저히 분리하는 것이 도움이 된다. 한 축에서는 열심히 소득을 창출한다. 저축한 돈으로 다른 한 축에서는 투자로 돈을 버는 것이다. 수없이 많은 시행착오를 겪으며 느낀 점이다.

짧은 시간 자산을 사고파는 행위로 시드머니를 키워나가는 것도 방법이다. 그러나 그것은 투자라기보다는 트레이딩에 가깝다. 직장인 소득 수준에서 위와 같은 전략은 한계에 봉착한다는 것도 문제다. 시드머니가 소진되기 때문이다.

자산의 크기는 커진 데 비해 그것을 담을 수 있는 나의 그릇은 그대로인 예도 있다. 결국 내가 감당할 수 없을 정도로 보유한 자산이 커지면, 소유한 자산이 제 값 평가를 받기 전 매도해야 하는 상황이 생길 수 있다. 좋은 부동산 분양권을 계약했지만, 상황이 여의치 않아 계약금을 포기하더라도 매도하는 사람들이 있다. 우량한 주식 지분을 보유했지만, 마찬가지로 어쩔 수 없이 매도하는 예도 있다. 모두 자신의 소득 상황을 고려하지 않고 덜컥 자산을 매수했기 때문에 발생한 일이다. 따라서 자산을 보유하는 것만큼, 그것을 지킬 수 있는 나의 역량을 키우는 일은 대단히 중요하다.

　따라서 첫 집을 마련했다면 급여 외 파이프 라인을 구축하는 연습을 추천한다. 소액의 자본금을 들여 부동산 공부를 지속할 방법으로는 무인 매장, 공간 대여 사업, 에어비엔비와 같은 오프라인 창업을 고려할 수 있다. 창업을 고민하고 또 공부하며 상권 분석, 부동산 수익률 계산, 협상하는 방법 등 다양한 경험을 쌓을 수 있다. 이는 분명 평생 써먹을 수 있는 축적의 지식과 경험이다.

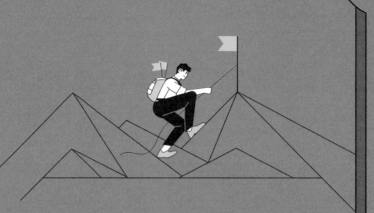

3부

월급 말고도
더 많은 돈이 필요해

1장

연매출 1억 원의
무인 매장을 창업하다

현금 흐름을 확보하기 위해 우선 고려했던 것은 오피스텔이나 상가 투자였다. 꾸준히 개수를 늘려서 월세 현금 흐름을 얻는다면, 회사를 그만두어도 자유로운 삶이 가능할 것 같았다. 그러나 월세를 받기 위한 상가나 오피스텔 투자는 최소 1억 이상의 목돈이 필요했다. 더욱이 많은 돈을 들여 투자를 진행한 후, 만에 하나라도 잘못된 선택을 한다면 후폭풍은 감당하기 어려울 것 같았다. 그러다 문득 '무인 매장 창업은 어떨까?'라는 생각이 스쳤다.

2020년 겨울이었다. 당시 기억을 떠올려보면, 코로나가 2차,

3차 확산하던 시기였다. 좋은 상권에 있는 가게들이 무권리로 나오기 시작했다. 팬데믹 종식이라는 희망을 품었던 상인들은 좌절했다. 많은 이들이 앞으로 오프라인 상권은 끝이라고 말했다. 사람들은 더 이상 오프라인 공간을 찾지 않았다. 시장에는 '공포'와 '절망'만이 남아 있었다. 시장에 비관이 가득하던 시점에 용기를 냈다.

'팬데믹은 머지않아 종식될 것이다. 사람들은 다시 길거리로 나올 것이다. 그렇다면 좋은 상권에 무권리로 나온 점포 자리를 선점하는 전략은 어떨까? 당분간은 비대면 비즈니스를 활용하여 매장을 운영해봐야겠다.'

무인 매장을 창업해야겠다고 결심한 순간이었다. 이제 막 첫 주택을 마련한 부동산 초보자에게는 꽤 당돌한 결심이었다. 실제로 부동산 상권 분석을 제대로 배운 적이 없었다. 사업장 운영 경험도 전혀 없었다. 당연히 창업 결심 후 부정적인 감정이 밀려왔다. 그러나 절실함이라는 감정을 최대치로 끌어내보니 막연했던 무인 매장 창업이라는 꿈은 현실이 되었다. 오프라인 매장 창업을 공부한 지 단 두 달 만에 실제 매장 창업까지 진행할 수 있었다. 결과는 어땠을까?

무인 매장의 놀라운 수익률

무인 매장 창업 자리로 선택한 곳은 1년 넘게 무권리로 버려져 있었던 곳이다. 권리금이 없었기에 처음 창업에 들어간 금액은 보증금, 시설비 그리고 제품 매입 비용 정도였다. 거기에 보증금을 합치니 약 4,000만 원이 안 되는 금액으로 첫 매장 창업을 시작할 수 있었다. 억 단위 금액을 써서 오프라인 매장을 창업하지 않았기에 리스크를 줄일 수 있었다. 시간이 흘러 무권리로 버려졌던 자리는 연 매출 1억 원이 넘는 무인 매장으로 재탄생했다. 이제는 수십 차례 넘게 권리금 제안을 받는다. 성수기 기준, 일일 250여 명의 손님이 찾는 장소로 완벽히 탈바꿈했다. 월 평균 100만 원 이상 수입이 발생하며 대략적인 수익률은 다음과 같다.

실제 투자금	4,000만 원	
수익금	1,200만 원	*1년 기준
연 수익률	30%	

[(1,200만 원 / 투자금 4,000만 원)×100%]= 30% +

투자금 4,000만 원 중 2,000만 원은 보증금으로 추후 돌려

받을 돈이다. 따라서 실투자금을 2,000만 원이라고 가정한다면 연 수익률은 더 올라간다. 이 실투자금은 운영을 시작한 지 2년이 안 되어 모두 회수했다. 따라서 그 이후 수익률은 무한대로 수렴한다. 결국 무인 매장 창업은 연 평균 30~40% 수익률을 내는 자산에 투자한 것과 동일한 효과를 가져다준다. 추후 매장 권리금을 받을 경우, 프리미엄(P) 차익도 가능하다. 부의 추월차선에 진입하기 위한 단기적 목표는 간단했다. 무인 매장처럼 100만 원, 200만 원 추가 현금 확보를 위한 파이프 라인을 하나씩 구축하는 것이었다.

실제 투자금	4,000만 원	
수익금	1,200만 원	*1년 기준
연 수익률	30%	
전체 수익금(3년)	3,600만 원	
기대 P(예상 권리금)	2,000만 원	수익금/최초 투자금×100
보증금 환급(예상)	2,000만 원	
총 수익금	7,600만 원	

　　무인 매장을 차리기 전에 어떠한 창업 경험도 없었다. 회사 일에만 몰입했던 평범한 직장인이었다. 그랬던 내가 회사에 다니며 무인 매장을 창업한 비결은 무엇이었을까.

실행력을 키우는 일에 집중할 것

창업을 결심한 당시는 서울과 수도권 아파트 가격이 급등하던 시기였다. 현금 흐름에 집중하는 투자가 좋겠다고 생각했다. 직장인이 부업으로 선택할 수 있는 종류는 다양했다. 그러나 무인 매장 창업은 소득 파이프 라인 세팅뿐 아니라 부동산 공부와 경험을 더 쌓을 기회였다. 또한 좋은 입지에 있는 매장 자리를 무권리로 얻을 수 있다면, 리스크는 거의 없다고 판단했다. 혹여나 실패하더라도 이 경험은 훗날에도 도움이 된다고 믿었다. 고민을 끝내자 빠르게 실행해야 할 명분을 얻었다. 이후 절실한 감정을 기반 삼아 움직였다. 100% 근로 소득에 의존하는 삶을 끝내겠다는 내 다짐은 확고했다. 그렇다면 생각했던 바를 실행해서 적어도 후회와 좌절을 하고 싶지 않았다. 무인 매장 창업부터 운영까지 전반의 과정에 나의 절실한 감정을 최대치로 활용했다. 처음에는 공인중개소 문을 열고 "매물 보러왔다"라고 말하는 것조차 어색하고 싫었다. 심호흡을 여러 번 한 후, 문을 열 수 있었던 기억이 난다. 그러나 문 앞에 다다르면, 생각보다 앞선 행동으로 두려움을 이겨냈다.

남들이 안 움직일 때가 기회다

처음 무인 매장 자리를 알아보기 시작한 2020년 12월은 매서운 겨울이었다. 출퇴근 동선에 있는 빈 매장을 눈여겨봤고, 매 주말에는 창업할 만한 자리를 살폈다. 직접 걸어 다니며 상권 분석 시 필요한 임차 시세, 교통, 인프라 등을 직접 눈으로 확인했다. 겨울철 임장은 평소보다 더 힘들다. 육체적으로 또 정신적으로도 그랬다. 10분만 걸어도 손발이 꽁꽁 얼어버리는 것만 같았다.

"요즘도 무인 매장 찾는 손님이 많나요?"

부동산 중개인한테 묻는다.

"요즘요? 에휴 아니죠. 9월, 10월에는 문의가 많아요. 그러나 추운 겨울에는 보러오는 사람 자체가 없어요"

부동산 중개인의 말을 듣고, 지금이 기회라는 생각이 들었다. 남들이 움직이지 않을 때 조금이라도 더 움직이는 것. 사람 생각은 대개 비슷하다. 투자자나 실수요자는 보통 날씨가 좋은 봄이나 가을에 부동산 임장, 매장 창업을 알아보기 마련이다. 따라서 내가 목표로 하는 부동산이나 사업장이 있다면 오히려 대중이 움직이지 않는 시기가 답이 될 수 있다. 무더운 여름이나 매서운 겨울에 임장 활동에 더 집중한다면, 기회를 내 것으로 만들 수 있다.

2장

아이스크림 가게 사장님이 아니라 부동산 투자자다

스타벅스는 까다로운 입지 선정으로 유명하다. 주로 인구 밀도가 높은 도시, 번화가, 상업 지구, 대학 캠퍼스 등에 입점한다. 비슷한 예로 스타필드가 먼저 자리를 잡은 지역은 어김없이 이후 부동산 상승 곡선을 그렸다. 어쩌면 모든 오프라인 매장 성공에 있어 가장 중요한 요소는 '입지'다. 무인 매장 창업을 결심했을 때, 아이스크림 가게 사장님이 아니라 부동산 투자자라는 생각을 먼저 했다. '단순히 아이스크림을 팔아서 돈을 벌어야겠다'라고 생각했다면 성공은 어려웠을 것이다. 나 스스로 투자자라고 정의함으로써 '철저한 상권 분석'을 창업 제1원칙으로 삼았다.

그렇다면 무인 아이스크림 매장 입지는 어디로 해야 할까? 진입할 상권과 입지를 결정하기 전에 먼저 해야 할 일이 있다. 첫째, 운영할 매장에서 판매하는 상품의 특징을 나열해보는 것이다. 둘째로는 매장에 올 수 있는 주 손님이 누구인지 상상하는 것이다.

아이스크림 상품의 특징

- 빨리 녹는다.
- 제품 차별성이 없다(빅3 제조사-롯데, 해태, 빙그레).
- 매장에 방문한 손님이 한 번에 많이 구매하는 경향이 있다.

위와 같이 무인 매장에서 판매하는 아이스크림 재화의 특징 때문에 입지가 중요하다. 아이스크림은 빨리 녹기 때문에 손님의 집과 가까워야 한다. 롯데, 해태, 빙그레 빅3 아이스크림 제조사의 제품은 전국 매장 어디에서나 구매할 수 있다. 즉 제품 차별성이 없다. 개별 매장 브랜딩이나 마케팅보다는 주요 입지를 선점하는 것이 맞는 전략이다. 아이스크림을 사러 매장에 방문한 손님은 한꺼번에 많이 사두는 경향이 있다. 따라서 번화가

나는 소유의 삶을 살기로 결심했다

보다는 거주지(동네) 상권이 더 적합하다.

아이스크림 재화 특징에 기반한 상권 선정

아이스크림 재화 특징	진입 상권 선정 시 고려할 내용
빨리 녹는다	매장 반경 300~500m까지 유효하다
제품 차별성이 없다(빅3 제조사)	매장 브랜딩이나 마케팅은 크게 중요하지 않다
고격이 한 번에 많이 구매하는 경향이 있다	1인 가구보다 3~4인 가구를 대상으로 해야 하며, 번화가보다는 거주지(동네) 상권이 더 적합하다

입지 선정 시에 여기에 더해서 추가로 다음과 같은 요소를 고려해야 한다.

- 타깃에 부합하는 충분한 세대 수를 확보한 상권
- 후발 주자가 진입하기 어려운 상권

프랜차이즈 담당자는 단순 세대 수를 기준으로 매장 창업을 권하는 경우가 많다. 500세대만 되어도 충분하다는 프랜차이즈 담당자도 있었다. 그러나 '3~4인 가구'가 주 타깃이 되는 무인 아이스크림 매장의 특성을 고려한다면, 세대 수만 고려하는 것은 위험하다. 가령 1,500세대가 넘는 아파트 단지 내 상가라고 할지라도, 아파트 실거주민이 노년층이라면, 실제 아이스크림

수요가 풍부해 보이는 지방 구도심 상권

판매 매출에는 큰 도움이 안 될 수 있기 때문이다. 따라서 타깃에 부합하는 충분한 세대 수를 확보한 상권을 찾는 것이 중요하다.

무인 아이스크림 매장은 창업 비용이 낮으므로 언제든지 경쟁자가 진입할 수 있다는 단점이 있다. 아무리 좋은 입지에 매장을 시작하더라도, 옆 공실에 경쟁점이 들어온다면, 생각만 해도 끔찍하다. 따라서 후발 주자가 쉽게 진입할 수 없는 상권을 찾는 것이 더 중요하다. 바꾸어 말하자면 평소에 공실이 잘 나지 않는 상권을 찾는 것이 핵심이다.

신도시 상가는 적정 수요보다 공급 물량이 더 많아 공실로

나는 소유의 삶을 살기로 결심했다

방치된 경우가 많다. 내 매장 주변에 공실이 많다면, 언제든지 경쟁자가 진입할 수 있다. 또 신축 상가가 대부분인 신도시 상권은 구도심에 비해서 월세도 높은 편이다. 높은 가격에 신축 상가를 매입한 임대인은 임대료에 민감할 수밖에 없다. 임대료가 예상보다 낮아 대출 이자가 더 많다면, 적자가 나기 때문이다. 무작정 임대료를 낮추면, 상가의 가치는 더 하락하는 악순환이 발생한다.

실제로 송도 신도시에 있는 한 무인 매장에 방문했다가 놀랐던 기억이 있다. 2,000세대 아파트 단지 내 상가에 있는 매장이라 당연히 장사가 잘될 것으로 생각했다. 그러나 문제는 비싼 월세였다. 신축 상가 월세가 300만 원이 넘어 순이익률은 매우 낮을 것으로 예상되었기 때문이다.

반면 구도심 동네 상권은 공실 리스크가 낮은 편이다. 신도시 상가와 비교해서 임대료는 비교적 낮고 수요도 충분하다. 상권이 자리 잡히는 데까지 최소 10년 이상 시간이 흘렀기 때문에 검증받은 상권인 점도 장점이다.

이처럼 무인 아이스크림 매장 입지는 재화와 손님의 특징을 고려하여 선정하는 것이 중요하다. 거기에 더해 철저한 상권 분석과 준비는 실패하지 않는 무인 매장 창업의 핵심 열쇠가 될 것이다.

3장

현장에 답이 있다

2021년 초, 매서운 겨울이었다. 코로나는 끝날 기미가 영 보이지 않았다. 상가와 자영업 시장은 갈수록 더 최악의 상황을 맞이하고 있었다. 위기를 버티지 못하고 무너지는 자영업자가 속출했다. 당시 세웠던 원칙은 주 1회 상권 분석과 상가 부동산 현장 방문이었다, 원하는 매물을 찾기 위해서는 반드시 거쳐야 할 단계가 있다.

먼저 손품 임장을 하라

본격적인 매물 탐색에 앞선 사전 조사가 필요하다. 네이버 지도, 카카오맵, 구글맵 등 다양한 지도 어플을 활용해서 매장을 찾아보는 것이 첫 번째 단계다. 매장 창업을 희망하는 위치 반경 500m내에 이미 자리 잡은 매장이 있는지 찾아보기 위해서다.

1. 각 지도 어플 검색 창에 '아이스크림', '편의점'과 같은 키워드를 검색해서 지역 내 점포를 확인한다.

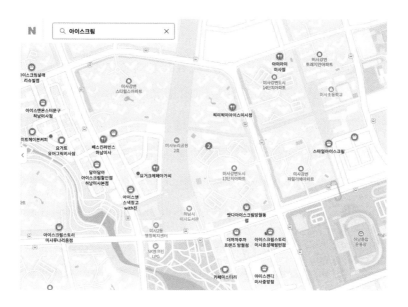

2. 추가 확인이 필요한 곳은 로드뷰 기능을 활용한다.

세 가지 종류의 지도 어플을 활용해야 하는 이유가 있다. 네이버 지도에는 업체명 등록이 되어 있는 데 반해, 카카오맵에는 미등록된 경우가 꽤 있기 때문이다. 따라서 최대한 꼼꼼하게 사전 손품 임장을 진행하는 것이 중요하다. 지도 어플로 무인 아이스크림 매장을 발견할 수 없다면, 우선적으로 탐색해볼 지역으로 선정했다.

현장 임장은 필수다

매장 창업이 가능한 위치를 찾았다면 혹은 인수하고 싶은 매장을 찾았다면, 현장 방문은 필수다. 직접 현장에 가보면, 지도 어플이나 로드뷰에서 확인하지 못했던 부분을 확인할 수 있다. 예를 들어 네이버 지도에서 검색된 매장이 막상 현장에 가보면 폐업한 경우가 있다. 분명 지도에는 매장이 보이지 않았는데, 그새 창업을 해서 운영을 시작한 매장도 있다.

상권을 둘러볼 때는 자차보다는 대중교통이나 도보로 이동하는 것이 좋다. 동네 주민, 즉 실제 고객 관점에서 상권을 바라보는 것이 중요하기 때문이다. 자차로 이동하면 동네 주민이 이용하는 샛길이나 주 동선 등을 놓칠 수 있다.

원하는 매장 자리를 찾았다면, 최대한 다양한 시간대를 이용해서 장소에 방문해본다. 출퇴근 길을 활용한 평일 아침과 저녁, 주말 아침, 점심, 저녁 등 가능한 모든 시간대를 확인해야 한다. 동일한 장소를 시차를 두고 방문하다 보면, 잠재 고객의 연령대나 유형을 파악할 수 있다.

다음은 현장 임장 시 체크해야 할 사항들이다.

- 경쟁 점포 유무
- 고객 동선
- 주변 세대 수
- 횡단보도, 아파트 주 출입구 위치
- 근처 중소형 마트 입점 여부
- 근처 편의점 입점 여부
- 학원가
- 근처 프랜차이즈 빵집 등

네이버부동산을 활용해 사후 조사를 하라

다음은 네이버부동산을 활용해서 임장 이후 조사를 하는 방법

이다. 매장 창업을 하려는 위치와 그 주변의 공실과 임대료를 확인해야 하기 때문이다.

네이버부동산 〈상가·업무·공장·토지〉 탭에서 지역 설정 후, 다음 항목을 추가로 설정해서 필터링한다.

- 상가
- 1층
- 월세
- 면적 6~15평 이내

'손품 임장 – 현상 방문 – 사후 조사' 순서를 반복하면 오프라인 사업장 분석을 습관화할 수 있다. 이와 같은 연습은 소비자가 아닌 생산자의 시각을 갖추는 데 크게 도움이 된다. 가장 쉽게 시작하는 방법은 나의 거주 지역 내의 상권과 매장을 관찰하는 것부터다. 자주 방문하는 단골 매장에 가서 다음의 세 가지 주요 내용을 기록하고 관찰한다.

사업장 분석 작성 예시

첫째, 사업장의 특징 및 성공 요인 세 가지를 적어보라

1. 사업장 주변 임대 시세 : 150만 원에서 200만 원

2. 종교 시설 옆에 위치하여 추가적인 수요 창출 가능

3. 넓은 테라스를 통해 많은 손님을 수용할 수 있음

4. 주말 일매출 예상: 150만 원에서 170만 원

   계산 예: 평균 매출 2,000원 × 285명(오전 시간) × 3회 = 171만 원 (*키오스크에서 출력되는 번호표 혹은 영수증에 기입된 숫자로 대략적인 방문객 및 일 매출 추정이 가능)

둘째, 고객의 특성을 한 줄로 요약하라

1. 주말에는 성당 방문객이 많음

2. 주중에는 인근 직장인들이 주요 고객

셋째, 내가 만약 사장이라면, 어떻게 운영할지를 고민해보라

1. 넓은 야외 테라스를 활용하여 애견 동반 카페로 운영

2. 주변 종교 시설과 연계하여 이벤트 기획

사업장의 특징 및 성공 요인 세 가지, 고객 특성 한 줄 요약, 그리고 내가 사장이라면 하고 싶은 것들을 요약해두기만 해도 오프라인 창업을 위한 준비 연습이 될 수 있다.

협상의 기술이 필요하다

원하는 매물을 찾기 위해 상권 분석 3단계 과정을 반복했다. 집에서 가까운 곳부터 차로 40분 걸리는 거리까지 창업할 만한 자리를 열심히 찾았다. 두 달간 열심히 발품을 판 결과, 조건에 어느 정도 부합하는 자리를 많이 찾을 수 있었다. 그러나 월세가 낮지만, 배후 수요 또한 부족한 곳이 있었다. 한편으로는 자리는 좋지만, 월세가 높은 경우 등 원하는 조건에 완벽히 부합하는 매물을 찾기가 어려웠다.

완벽하게 좋은 자리는 이미 다른 경쟁자가 선점한 경우가 대부분이었다. 무인 매장 창업을 포기해야 하나 고민할 때쯤이었다. 전혀 예상치 못한 곳에서 기회를 포착했다. 집에서 도보로 약 15분 거리에 있는 건물이었다. 어느 날, 우연히 방문한 단골 프랜차이즈 빵집 옆 공실이 눈에 들어왔다. 과거에는 아무 생각이 없었을 것이다. 그러나 당시 이미 나의 머릿속은 매장 창업에 관한 생각으로 가득 차 있었다. 부동산에 전화해서 매물이력을 살폈다. 현재 공실이었던 자리에 과거 약국이 개업했었는데 높은 월세를 감당하지 못하고 문을 닫았다는 사실을 알게 되었다. 이후로도 해당 자리는 계속 공실로 방치되었다. 내막을 들여다보니 건물주는 이후에도 새로운 임차인으로 약국을 들이고 싶어했다. 그러나 이후 시간이 흘렀고 코로나 위기까지 덮쳤다. 이를 견디지 못한 건물주가 이내 고집을 꺾고, 월세 또한 기존보다 대폭 내린 상황이었다.

　창업해야 한다면 이 자리에 해야겠다는 생각이 들었다. 그 이유는 첫째, 가장 잘 아는 동네 상권이었기 때문이다. 자리는 당시 우리 집과 10여 분 도보로 떨어진 곳에 있었다. 따라서 해당 상권은 공실이 잘 나지 않는 곳이라는 사실을 이미 잘 알고 있었다. 둘째, 매장 자리는 약 2,000세대의 3룸 아파트 정문과 마주 보는 곳에 있었다. 따라서 배후 수요가 탄탄했다. 2,000세대 아파트 단지 내 상가는 세대 수 대비 크기가 작았다. 따라서 해당 상가 1층에는 유명 프랜차이즈나 편의점조차 없었다. 반대로 창업하려고 마음먹은 자리는 유명 프랜차이즈 베이커리 2개가 연달아 위치한 A급 상권이었다. 매장은 버스 정류장과 횡단보도와도 인접하여 고객의 유효 동선 안에 있었다. 셋째, 해당 위치 200m 이내 경쟁사가 없었고, 인근에 개인이 운영하는 중형 마트 또한 없었다.

기회	리스크
3룸 아파트 2,000세대 근접	경쟁 점포 가능성
수요 대비 작은 아파트 단지 내 상가	편의점 근접
200m 이내 경쟁사 없음	100만 원이 넘는 월세
인근 중형 마트 없음	
버스 정류장 최근접	
아파트 출입구 최근접	
학원, 스터디 카페 밀집 지역	
프랜차이즈 베이커리 근접	

고심 끝에 창업을 결정하고, 부동산에 원하는 조건을 제시했다. 그러나 나는 경험이 많지 않은 예비 사장이었다. 돌이켜 보면 '창업을 정말 하고 싶다'는 나의 마음을 부동산업체나 건물주가 몰랐을 리가 없다. 그날 저녁 부동산에서 전화가 왔다. "사장님 죄송합니다만 건물 관리인이 10만 원을 더 올려야겠다고 하네요." 건물주는 기존 구두로 약속했던 월세보다 10만 원을 더 올리겠다고 통보했다. '자리를 꼭 선점해야겠다'는 간절한 마음을 숨기지 못한 것이 이후 내내 아쉽게 느껴졌다. 월세 10만 원은 연간으로 계산했을 때 120만 원으로 분명 작지 않은 돈이었기 때문이다. 따라서 원하는 매물을 찾았을 때 명심해야 할 것이 있다. 단순히 매물을 찾은 것에서 끝나는 것이 아니

다. 오히려 그때부터가 진짜 시작이다. 내 눈에 좋은 매물이면, 남의 눈에도 좋은 매물일 가능성이 크다. 따라서 원하는 매물을 찾았다면 빠르게 움직여야 한다. 그러나 급한 마음만 가지고 협상 테이블에 앉으면 안 된다. 간절하고 조급한 마음을 드러낼수록 협상의 주도권은 부동산업체 사장이나 임대인에게 주어지기 마련이다.

중개인 : "인기 많은 매물이라서 지금 빨리하셔야 해요."
임대인 : "이번에 안 하시면 가격 올릴 거예요."

이렇게 나오면, 초보 사장일수록 마음은 더 급해진다. 그동안 내가 노력한 것이 눈에 아른거린다. '이 매물을 보기까지 한 달 넘게 찾아다녔잖아. 그냥 계약해버릴까?'와 같은 마음이다. 간절함은 때로 독이 된다. 이럴 때는 오히려 냉정하게 마음에 드는 매물의 단점을 하나둘씩 나열해보는 것이 차분한 사고에 도움이 된다. 열거한 단점을 이유로 들어 렌트프리 등 원하는 것을 제시해보는 것이다. 창업한다는 들뜬 마음에 계약서를 꼼꼼히 보지 않는 것도 주의해야 한다. 계약서 내 '원상복구 조항' 과 같은 항목을 세심하게 챙겨보지 않는다면, 추후 문제가 될 수 있다. 대게 임대차 계약서에는 원상복구 의무 조항이 포함된다. 계약이 종료되면, 임차인이 계약 당시의 모습으로 돌려놓은 뒤 임대인에게 반환해야 한다는 뜻이다. 그러나 원상복구의 시점이나 기준이 명확하지 않다면, 임대인과 임차인의 자의적인 해석으로 추후 분쟁이 발생할 수 있다. 따라서 최종 계약까지 시간이 걸리더라도, 반드시 이 부분을 잘 짚고 넘어가는 것이 중요하다.

임차인 입장에서 상가 임대차 계약 시 주의할 점

1. 기존 임차인의 퇴거 사유를 상세하게 파악한다.
2. 원상복구 조항 등 민감한 사항을 최대한 꼼꼼하게 기입한다.
3. 추후 문제가 될 수 있는 특약 사항은 없는지 꼼꼼히 살핀다.
4. 임대료에 관리비 포함 여부를 확인한다.
5. 계약 전일, 계약서 초안을 미리 요청한다.
6. 계약서 초안을 미리 받아 '네이버 엑스퍼트'를 활용해서 전문가 검토를 받는다.

나는 소유의 삶을 살기로 결심했다

4장

낮에는 직장인, 밤에는 사장님

무인 매장 사장이 된다는 것은 만년 소비자에서 생산자의 삶으로의 전환을 의미했다. 분명 한 단계 더 나아간 삶이었다. 부동산 투자에서 시작해서, 건물을 임차해 제품을 판매하며 소득을 더 키우는 일을 해내자, 앞으로 할 일은 분명했다. 매장에서 나오는 추가 소득을 나보다 더 돈 잘 버는 우량 기업과 대지 지분에 투자하는 것이었다. 분명 기존 삶보다 더 자유로워지는 방법이었다.

계약을 마치자 지금까지 보지 못했던 완전히 새로운 세계가 펼쳐졌다. 모든 걸음 걸음 무인 매장과 상가만 보였다. 이후 자연스럽게 좋은 상권 입지를 분석하는 눈이 길러졌다. 상권 공부는 엄청나게 어렵거나 복잡하지 않았다. 그 시작점은 출퇴근길, 무심코 지나칠 수 있는 매장을 한 번 더 들여다보는 것부터였다. 이후 장사가 잘되는 사업장은 메모해두고, 그 이유를 떠올려보는 연습을 했다. 모든 것이 배울 것투성이였다. 단골 주유소, 애정하는 카페, 친구들이 좋아하는 카페 등 발걸음이 닿는 사업장 등 그 인사이트를 블로그에 틈틈이 기록했다. 부동산 공부라는 강박관념에 사로잡혀서 기록한 것이 아니다. 직접 매장을 운영하다 보니, 자연스럽게 관심이 생겼을 뿐이다.

보증금을 제외하면 창업 비용은 약 2,000만 원 정도가 필요했다. 모았던 적금을 깨고, 일부 미국 주식 수익을 실현해서 자금을 마련했다. 설렘과 동시에 두려운 생각 또한 들었다. '내 선택이 맞는 걸까?', '도둑이라도 들면 어떡하지?', '매장에 문제가 생기면 어떡하지?', '건물주와의 관계는 잘 유지할 수 있을까?', '매장에 방문하는 손님은 얼마나 될까?' 등과 같은 수많은 걱정과 고민이 떠올랐다. 그러나 이미 내가 내린 선택이었고 이제는 앞으로만 나아가야 할 차례였다. 혹여나 결과가 잘못되어 2,000만 원을 날린다고 해도 충분히 훌륭한 수업료가 될 수 있다고 판단했다.

매장 창업 비용

- 보증금 2,000만 원
- 장비 400만 원 (CCTV, 키오스크, 인터넷 등 설치 비용)
- 인테리어 비용 900만 원 (철거비, 전기 공사, 간판, 시트지)
- 제품 초도 물량 매입비 600만 원 (아이스크림 및 과자)
- 부동산 수수료 및 기타 비용 100만 원

매장 창업 비용 요약

장비 매입, 인테리어, 기타 비용	1,400만 원
초도 물량 매입 비용	600만 원
보증금	2,000만 원
실제 투자금	4,000만 원

가장 중요한 것은 내가 아직 젊다는 사실이었다. 매장을 창업하고 운영하면서 겪는 무수히 많은 일들은 모두 배울 만한 지식과 경험이었다. 상권 분석, 인테리어, 계약서 작성, 매물 협상, 거래처 관리 등 모든 것은 훗날 축적의 삶에 이바지할 것이라는 확신이 들었다.

"회사 관두면 치킨집이나 차려야지." 직장인들이 농담처럼 하는 말이다. 그러나 수십 년간 월급쟁이 생활에 익숙해진 사람이 사업을 시작하면 성공할 확률은 희박하다. 사업가와 투자자 마인드는 어느 한순간에 생기는 것이 아니다. 다양한 시행착오를 겪으며 갖추는 것이다. 한 살이라도 젊을 때 급여 외 파이프라인을 고민한 사람이 더 빠르게 부자가 될 수 있다고 믿는다. 실제로 첫 주택 투자와 무인 매장 사업 이후에 상업용 건물, 공간 사업 등 다양한 영역으로 그 범위를 확대했다. 부동산 투자의 본질은 동일하여 이후 빠른 속도로 경험을 쌓아갈 수 있었다. 새로운 시도의 투자를 할 때마다 공부는 필요했지만, 처음 투자 때만큼 어렵지는 않았다. 일상에서 부동산 공부를 습관화했기 때문이다.

계약 후 오픈까지 3주라는 렌트프리 기간이 주어졌다. 그 기간 동안 철거와 인테리어를 동시에 진행하며 매장 오픈 준비를 해야 했다. 6.5평 규모의 작은 무인 매장인 만큼 인테리어는 빠르게 끝낼 수 있었다. 개인 창업을 하며 셀프 인테리어를 한다면 비용을 아낄 수 있었지만, 프랜차이즈 창업을 선택했다. 당시 시간을 아끼는 것이 훨씬 중요했기 때문이다.

철거하는 날, 평평 눈이 내렸다. 평평 내리는 눈을 맞으며, 다짐했다. 이 경험을 토대로 반드시 자유를 얻어보겠다고 말이다. 철거에는 3일, 인테리어에는 10일이 걸렸다. 즉 임대차 계약 이후 약 2주라는 시간이 걸렸다. 오픈 전날까지도 순비는 끝나지 않았다. 냉동고는 모두 들어오지 않았고 개점 당일에도 새벽

매장 오픈을 준비하는 모습

같이 일어나 청소를 마무리했다.

　이상하게도 오픈한 지 시간이 한참 흘렀는데도 아무도 매장에 들어오지 않았다. 오랜 시간 동안 공실로 방치된 자리였고, 대로변에서는 매장이 잘 안 보였기 때문이다. 1층에 매장을 차리면 사람들이 알아서 찾아오리라 생각했는데 현실은 전혀 그렇지 않았다. 매장 오픈을 알리기 위한 더 많은 노력이 필요했다. 주말이면 매장으로 출근해서 친구들과 함께 매장 앞에서 전단지를 돌렸다. 퇴근 후에는 친구들과 함께 2,000세대 아파트 단지를 찾아가서 각 우편함에 전단지를 넣었다. 뭐든 거저 얻는 일은 하나도 없었다.

　낮에는 회사로 출근하고, 이후에는 무인 매장으로 출근하는

오픈 준비 완료한 매장의 모습

삶이 이어졌다. 꽤 재미있는 삶이었다.

　무조건적인 절약이나 단순한 예적금만을 고민하는 사회 초년생들에게 제안한다. 젊을 때, 무인 매장이나 에어비앤비 같은 오프라인 사업을 고려해보자. 방치된 사업장을 무권리로 인수해 현금 흐름을 창출하고, 다시 권리금을 얻는 방법을 반복하면 빠르게 자금을 모을 수 있다. 소셜미디어를 활용한 온라인 지식 창업도 좋은 선택이다.

　무엇이 되었든 직장 명함 외에 돈을 벌 수 있는 소득 파이프라인을 고민해보자. 쉬운 선택은 미래를 담보할 수 없지만, 어려운 선택은 빛나는 미래를 기약할 수 있다.

나는 소유의 삶을 살기로 결심했다

무인 매장 운영 관리팁

무인 매장의 특성상 고객과의 직접적인 상호작용은 제한적이다. 따라서 마케팅보다는 편리한 매장의 위치, 깨끗하게 관리되는 매장 운영과 같은 요소가 더 중요하다. 관리가 안 되는 것 같은 지저분한 매장이라면 고객들의 재방문율은 감소한다.

그렇다면 매장 운영과 관리에는 얼마나 시간을 써야 할까? 매장에 투입하는 시간은 방문 후 약 15분 내외면 적당하다. 겨울과 같은 비수기에는 주 2~3회만 방문해도 충분하다. 정답은 없다. 그러나 무인 매장 운영과 관리에 지나치게 많은 시간을 쏟아붓고 있다면, 초기 창업 목적에 맞게 투입 시간을 최소화하는 것이 맞다. 매장에 나의 노동력이 투입되는 요소는 다음과 같다.

할 일
매장 청소
현금 관리
제품 발주 및 수령
월 마감 업무
CCTV 모니터링
고객 응대

매장 청소는 방문할 때 하루 10분 내외면 충분하다. 가끔 매장에 조금 더 길게 머물러야 할 때가 있다. 물품이 들어오거나 고객 응대를 위해 조금 더 매장에서 시간을 쏟아야 할 경우다. 하지만 전체 평균 시간으로 따져본다면, 하루 평균 약 15분 정도 내 시간을 투입해서 매장 운영이 가능하다.

가장 중요한 것은 초기 무인 매장 창업 목적을 잊지 않는 것이다. 하루 종일 매장 운영에 매달려 본업에 소홀해지면 안 된다. 너무 과한 노동력과 시간을 투입하고 있다면 개선해보자. 사소한 것에 예민하게 생각한다면, 그로 인해 본래의 목표와 가치를 잃어버릴 수 있다. 무인 매장의 장점은 자동화된 시스템을 통해 최소한의 인력과 시간으로도 운영이 가능하다는 것이다. 이를 위해서는 초기 시스템 구축과 관리에 신경을 쓰되, 그 이후에는 자동화된 시스템이 제 역할을 하도록 믿고 맡겨야 한다.

마지막으로, 자신만의 여유 시간을 확보하는 것을 잊지 말자. 무인 매장 운영의 목적 중 하나는 자신의 시간을 보다 효율적으로 사용하기 위함이다. 따라서 일정 시간을 정해두고 매장 운영에서 벗어나 휴식을 취하거나 취미 활동을 즐기는 것이 필요하다. 이는 장기적으로 더 건강하고 안정적인 매장 운영을 가능하게 할 것이다.

편의점, 밀키트, 문구점, 과일 가게, 카페 등 무인 매장의 종류가 점점 더 다양해지고 있다. 지속적인 인건비 상승과 기술의

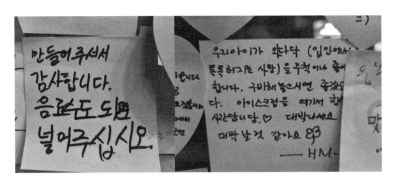

매장 오픈 후 응원을 보내준 고객들의 편지

발전은 무인 매장 대중화를 가속화할 것이다. 많은 무인 사업 아이템 중에서도 가장 효율적인 것 중 하나가 아이스크림이라는 생각에는 변함이 없다. 예를 들어 무인 편의점의 경우, 발주해야 할 제품 가짓수와 체크해야 할 재고량이 압도적으로 많다. 따라서 수익은 아이스크림 매장보다 더 클 수 있지만, 투입되는 노동력은 훨씬 많다.

5장

이제 나도 월세를 받고 싶다

송리단길 하면 생각나는 베이커리, 라라브레드를 만든 강호동 대표는 장사하는 곳의 건물을 직접 매수해서 운영하는 원칙으로 유명하다.

> "라라브레드 잠실점을 운영하며, 온갖 노력은 세입자가 하고 그로 인한 이득은 건물주가 가져가는 것을 경험하며 너무 억울했습니다. 제가 건물의 가치를 올렸는데 오히려 임대료만 높아졌습니다. (중략) 분식집을 하고 싶다면 분식집을 할 만한 상권의 작은 점포라도, 내 소유로 만들어 사업을 이어가

면 됩니다."

- 채널 예스 강호동 대표 인터뷰 중에서

서울에서 무인 매장을 운영하며 비슷한 감정을 느꼈다. 1년 넘게 공실로 방치된 자리를 일일 250명이 넘는 손님이 찾는 곳으로 만들었다. 그 노력이 결국 건물 전체의 가치 상승으로 이어졌다. 그 몫의 대부분은 당연하게도 건물 소유주의 것이었다. 따라서 매장을 운영하며 새롭게 다짐한 바가 있다. '다음에 오프라인 사업을 한다면, 반드시 내 소유의 건물에서 해야겠다'라는 다짐이다. 따라서 '언젠가 나도 월세를 받고 싶다는 각오'로 상업용 건물을 공부하기로 마음먹었다. 변화를 결심한 후 6개월 동안 첫 주택 마련과 무인 매장 창업을 동시에 실행한 저력이면, 무엇이든 할 수 있을 것 같았다.

더욱이 핵심지의 상업용 건물은 추후 시세 차익을 기대하면서 월 현금 흐름도 가져갈 수 있는 투자처였다. 그러나 '건물주가 되겠다'는 목표는 아파트 투자나 무인 매장 창업보다도 막연했다. 시중에 나와 있는 다양한 건물 투자 서적을 읽어보았으나 당장 와닿는 내용은 거의 없었다. 대부분 서울과 수도권 꼬마 빌딩 매수에 관한 이야기였고, 최소 수 억 이상의 종잣돈이 필요했다. 나 같은 직장인도 건물주가 될 수 있는 현실적인 방법은 없을까를 고민했다. 우선 미국 주식 리얼티인컴(O)처럼 매월 배당금을 주는 부동산 리츠 종목에 간접 투자하는 방법이 있었다. 그러나 원했던 것은 직접 건물에 투자하는 방식이었다. 즉 상업용 건물을 직접 보유해서 월세를 받는 진짜 건물주의 경험을 하고 싶었다.

월세를 받는 부동산으로 원룸형 오피스텔, 빌라, 구분 상가와 같은 종류가 먼저 떠올랐다. 그러나 이번에도 첫 주택을 마련하면서 세운 부동산 투자 원칙을 그대로 적용하고 싶었다. 즉 '관리가 수월한 부동산'을 보유하는 것이었다. 주거용 목적의 월세받는 부동산은 신경 쓸 일이 많아 보였다. 예를 들어 오래된 주택은 천장이 누수되어 수리에 큰 비용을 써야 하는 경우가 있었다. 많은 사람이 은퇴 후 매수를 고려하는 구분 상가도 고려했지만 이내 그 계획을 철회했다. 상가 임차인은 대부분 자영업자로 당장 생계가 중요한 경우가 많다. 이 때문에 임차인과의 분쟁 요소가 더 많을 수 있다고 판단했다.

그에 반해서 지식 산업 센터나 오피스(업무용 사무실) 같은 상업용 건물은 비교적 관리가 수월하다는 장점이 있었다. 임차인이 주로 법인으로, 월세가 연체될 확률은 상대적으로 낮았다. 한번 임차를 세팅하면 이후 신경 쓸 일이 많지 않다는 점도 매력적인 투자 요소였다. 개별 물건의 특수성이 높은 상가 부동산보다 난이도가 낮은 투자처라고 판단했다.

	지식 산업 센터	섹션형 오피스
대출	80% 내외	60% 내외
관리비	평당 4,500원 내외	평당 3만 원 이상
업종 제한	업종 제한 있음	업종 제한 없음
실입주 세금 혜택	취득세 50% 감면, 재산세 37.5% 감면	없음
공급	공급 가능 용지 제한	과잉 공급 가능

　핵심지 지식 산업 센터나 오피스 투자는 현실적으로 직장인도 건물주가 될 수 있는 방법이다. 물론 꼬마 빌딩처럼 건물을 단독으로 또 통째로 소유할 수는 없다. 하지만 지식 산업 센터, 오피스 매수 과정은 꼬마 빌딩 매수 과정과 거의 흡사하다.

　지식 산업 센터나 오피스 투자가 꼬마 빌딩 투자보다 나은 점도 있다. 첫째는 관리 측면이다. 건물 하나 짓는 건 정말 쉽지 않다. 수백 명이 지켜보는 대형 건설 현장에서는 자잘한 문제가 자주 생긴다. 지식 산업 센터나 오피스는 분양자들이 모여서 관리단이나 협의체를 만들 수 있어서, 건물 준공 후에 발생할 수 있는 하자나 다른 관리 문제를 같이 해결할 수 있다. 반면에 꼬마 빌딩은 대부분 한두 명이 관리하기 때문에 건축 과정에서 문제가 생기면 더 힘들다. 둘째는 리스크 관리 측면이다. 월세 1,000만 원을 받는 호실이 비어 있는 것보다 월세 100만 원짜리 호실이 비었을 때 조금 더 쉽게 대응할 수 있기 때문이다.

상업용 건물 투자 결심 후, 광교, 영통, 부평, 송도 등 다양한 지역을 돌아다녔다. 경기권을 중심으로 부동산 임장을 진행했던 이유가 있다. 당시 서울의 상업용 부동산 가격이 폭등해 투자처로 적합하지 않다고 판단했기 때문이다. 그러나 이미 수도권 상업용 건물 시장도 지식 산업 센터를 중심으로 급격한 상승세를 보이고 있었다. 여러 지역을 다니며 건물 간 가격, 입지, 일자리 수요 등을 비교하다 보니 자연스럽게 저평가된 투자처를 찾아낼 수 있었다. 그 결과 눈에 들어온 투자처는 인천의 한 신도시에 위치한 섹션형 오피스였다.

해당 지역의 상업용 건물 시장이 저평가되었다고 생각한 이유는 다음과 같다. 당시 해당 지역의 아파트 평균 평당가는 2,000만 원대까지 급격히 상승했지만, 지식 산업 센터나 오피스의 평균 평당가는 약 600~700만 원대로 그 갭이 상당히 벌어져 있었다. 이는 2021년과 2022년 부동산 상승기 동안 서울 성수동 아파트와 지식 산업 센터의 평균 평당가 갭이 80%까지 좁혀졌던 것과 매우 대조적이었다. 또한 당시 많은 투자자가 지식 산업 센터 매수에 집중하면서 상대적으로 오피스 시장에 대한 관심이 적어 지식 산업 센터와 오피스 가격의 격차가 벌어졌던 이유도 있었다.

매수하려는 오피스는 지하철 역과 직접 연결된 초역세권 건물로 리모델링을 앞두고 있었다. 해당 지역은 이미 개발이 많이 진행되어 역세권에 신축 건물이 들어설 자리가 부족하다. 이러한 상황에서 평당 700만 원대에 초역세권 건물을 소유할 수 있다는 점이 가장 큰 매력 포인트였다. 경기권 지식 산업 센터나 오피스의 평당가가 평균 1,000만 원을 넘어 거래되고 있었기 때문에 해당 오피스 투자 가치가 있으리라 판단했다. 추가 오피스 공급이 쉽게 진행될 수 없다는 생각도 들었다. 추후 토지 가격뿐만 아니라 공사비와 인건비도 급격히 오를 것으로 예상되었기 때문이다. 따라서 향후 상업용 건물 공급이 진행되더라도 평당 1,000만 원 이하의 가격에서 거래되기는 어려울 것으로 보았다.

둘째는 풍부한 일자리 수요 때문이다. 해당 지역에는 이미 삼성 바이오로직스, 셀트리온 같은 굴지의 바이오 대기업이 입주해 있다. 앞으로도 국내외 제약 바이오 기업, R&D 센터, 공장이 차례로 이 지역으로 본사를 이전할 계획이다. 실제로 지역 내 상업용 건물 임장을 진행했을 때, 공급 대비 수요가 많다는 것도 확인할 수 있었다. 청년 창업 중소 기업을 대상으로 5년간 세금 감면을 지원해주는 조세 혜택 등 다양한 창업 지원 제도 또한 송도에 사무실 수요를 증가시키고 있다.

세 번째 이유는 해당 지역의 개발 계획이다. KTX 역사 신설 GTX B노선 서울 연결 계획이 예정되어 있다. 이러한 교통 인프라 확장은 서울과의 접근성을 더욱 높일 것이다.

위와 같은 이유로 해당 지역 상업용 부동산 시장의 미래가 밝을 것으로 판단하여 투자를 진행했다. 그러나 예측하지 못한 변수도 있었다. 금리 급등으로 인해 임대 수익률이 예상보다 악화했기 때문이다. 이번 투자 경험을 통해 기회가 왔을 때 좋은 부동산 입지 선점뿐 아니라, 투자 시점과 리스크 관리 또한 중요하다는 사실을 알게 되었다. 예상 못 했던 변수에도 큰 타격이 없었던 이유가 있다. 감당할 수 있는 소형 오피스를 매수했기 때문이다. 만약 매매 가격이 두 배가 넘는 중대형 크기의 코너 오피스 호실을 보유했다면 리스크를 감당하기 어려웠을 것이다. 따라서 투자 시에는 항상 리스크를 신경 쓰며, 대응 전략을 세워두는 것이 중요하다는 것 또한 깨달았다.

직장에 다니며 핵심지 상업용 건물 지분을 보유하고, 임차를 세팅해 법인으로부터 월세를 받는 경험을 쌓았다. 이는 부동산을 공부한 지 약 2년 만에 일어난 변화로, 처음 아파트 투자를 시작했던 2020년 가을에는 상상할 수 없었던 일이었다. 부동산 투자를 통해 월급쟁이와 소비자로서의 삶을 넘어 '부의 관점'을 배우고 있다. 처음에는 모든 것이 어렵고 생소했다. 하지만 한번 내 명의 건물을 세팅하고 나니 두 번째, 세 번째 투자는 더 수월할 것이라는 자신감을 얻었다. 실제 투자 과정에서 경험과 지식이 자연스럽게 축적되었기 때문이다. 이후 돈이 스스로 돈을 버는 시스템을 구축하면서 자유를 얻을 수 있는 토대를 마련하게 되었다. 처음에는 몇십만 원에 불과하겠지만, 꾸준히 축적된다면 큰 돈이 될 수 있을 것이다. 특히 '월세받는 삶'은 이미 자유를 얻은 사람들이 살고 있는 방식이었다. 여러 번 작은 시도를 통해 경험을 쌓으면, 나중에는 건물을 통째로 보유할 수 있는 실력도 갖추게 된다.

(6장)

나만의 은행을 만드는 과정,
월세 수익 만들기

은행은 대출로 얻은 이자에서 예금에 지급한 이자를 뺀 나머지로 수입을 얻는다. 이를 '예대마진'이라고 한다. 부동산을 활용해서 월 현금 흐름을 확보하는 것은 이 '예대마진' 원리와 같다. 즉 나만의 은행을 만드는 과정이다. 임대료 – 은행 이자, 즉 은행 대출 이자를 내가 세팅한 임대 시스템으로 녹여내는 것이다. 나머지 순 수입분은 월 현금 흐름이 된다.

사람들은 자면서도 돈이 굴러 들어오는 월세 소득을 꿈꾼다. 자연스럽게 상업용 건물, 즉 월세받는 부동산에 관심을 가진다. 그러나 상업용 건물은 금리의 영향을 크게 받기 때문에,

나는 소유의 삶을 살기로 결심했다

매수는 신중히 고려해야 한다. 금리가 1~2%만 상승하더라도, 수익성이 훼손되기 때문이다. 따라서 부동산을 활용하여 월세 수익을 만들기 위해서는 다음 개념-무대출 수익률, 자기 자본 비율 그리고 평당 가격 계산–을 먼저 익혀두어야 한다.

무대출 수익률

무대출 수익률이란 투자 금액 대비 임대료 비율을 계산한 것으로, 금리와 대출 한도와 같은 변수를 제외한다. 즉 무대출 수익률을 활용하면 상업용 부동산 수익률을 객관적으로 분석할 수 있다. 그러나 몇몇 부동산 중개인, 분양 상담사는 상업용 건물을 권할 때 대출을 포함하여 계산한 수익률을 보여준다. '대출을 포함한 수익률'은 금리와 대출 한도에 따라서 수익률이 달라지기 때문에 착시 효과가 발생함으로 주의가 필요하다.

대출 포함 수익률 공식

= [(임대료×12)-1년 대출 이자/(매매가-대출금-보증금)× 100]

매매가 : 2억 4,000만 원

보증금 / 월세 : 1,000만 원 / 100만 원

대출 금액 : 1억 9,000만 원

대출 이자 : 760만 원

[(1,000만 원×12)-760만 원/(2억 4,000만 원-1억 9,200만 원 -1,000만 원)×100]=11%

*대출 금액은 1억 9,000만 원, 이율은 4%로 가정

대출을 제외하고, 동일한 매물을 건물 임대료 시세와 보증 금만을 활용해서 수익률을 계산해보면 다음과 같다.

무대출 수익률 공식

= [(임대료×12)/(매매가-보증금)×100]

*매매가, 보증금, 월세, 대출금, 대출 이자 이외의 변수는 없 다고 가정

매매가 : 2억 4,000만 원

보증금 / 월세 : 1,000만 원 / 100만 원

[(1,000만 원×12)/(2억 4,000만 원-1,000만 원)×100] = 5.21%

기존에 11%로 보여졌던 수익률이 5%대로 반토막이 났다.

나는 소유의 삶을 살기로 결심했다

이렇듯 대출을 포함한 수익률은 수시로 변동되는 금리를 반영하지 못한다. 따라서 상업용 건물 투자 시 가장 기본이 되는 것은 '무대출 수익률'에 기반한 분석이다.

자기 자본 비율

자기 자본 비율이란 총 자본 대비 자기 자본의 구성비를 나타내는 비율이다. 저금리 시기, 대출을 최대한 활용할 수 있다는 점 때문에 지식 산업 센터나 오피스에 투자자의 수요가 몰렸다. 실제 실행하지는 않았지만, 매수한 오피스도 최대 91%까지 대출이 가능했다. 대출이 90% 가까이 나온다는 말은, 10억짜리 건물도 1억에 살 수 있다는 의미다. 따라서 이 경우, 자기 자본 비율은 10%가 된다. 물론 레버리지를 최대한 활용한 상업용 건물 매수 전략은 저금리 시기에 매우 유효했다. 주택 매수는 각종 규제로 인해 그만큼 대출을 활용할 수 없었기 때문이다. 그러나 2022년부터 미국 연준의 급격한 금리 인상으로 상황이 바뀌었다. 고레버리지 전략은 도리어 칼날이 되어 투자자들에게 돌아왔다. 부동산이 나를 지켜주는 자산이 되는 것이 아니라, 오히려 옥죄는 자산으로 바뀌는 것이다.

따라서 상업용 건물 매수 시에는 자기 자본 비율을 최

소 40~50% 이상으로 세팅하는 것이 안전하다. 즉 대출을 60~50% 정도만 활용하자는 것이다. 자기 자본 비율을 높게 세팅하면, 투자 금액은 훨씬 커진다. 그러나 이후 발생할 수 있는 금리 급등 혹은 공실 이슈에 더 유연하게 대처할 수 있다.

상업용 부동산 분석 시 평당 가격의 기준은 공급 면적이다. 평당 가격은 다음 예시와 같이 계산할 수 있다.

평당 가격 계산

매매가 : 2억 4천만 원
공급 / 전용 면적 : 65.7제곱미터 / 33.3제곱미터
평당 가격=매매가 / (공급 면적/3.3)

240,000,000원 / (65.7/3.3)=1,208만 원

월세를 받을 수 있는 수익형 부동산을 처음 세팅할 때는 당연히 모든 것이 어렵고 복잡하다. 월세 수익 대부분이 은행 이자로 나가거나 공실 문제로 머리가 아플 때도 있다. 그럴 때 '왜 이렇게까지 투자해야 하나' 자괴감이 들기도 한다. 하지만 우리는 직면한 문제를 하나씩 해결해나가며 더욱 성장할 수 있다.

투자처를 1개, 2개, n개를 세팅할 때마다 투자자로서 '경험의 축적'은 우리의 곱셈 소득 달성을 가능하게 해준다. 시간이 갈수록 노하우는 축적되고, 더 빠르게 제2의, 제3의 은행들을 만들어낼 수 있다. 이러한 배움은 역시나 단순 직장 생활로는 얻을 수 없는 것들이다.

임대 소득은 불로 소득이 아니다

과거 막연히 상상했던 건물주는 악덕한 모습이었다. 임대로 얻는 수입은 모두 불로 소득과 같이 영원한 것이라 믿었다. 참으로 부끄러운 생각이다. 이와 같은 잘못된 상상과 믿음에는 여러 요인이 있을 것이다. 아마도 가장 큰 이유는 '건물주가 될 수 없다'는 확고한 믿음이 무의식에 자리했기 때문이다. 누군가의 단편적인 삶만 편집해서 보여주는 미디어의 영향도 있었다.

단언컨대 소유의 삶을 살아가며, 세상을 바라보는 시야는 훨씬 확장되었다. 직접 겪어보니, 월세받는 건물주의 삶도 그리 평탄한 것만은 아니었기 때문이다. 건물을 매입하면 이후 예측하지 못했던 다양한 상황을 맞이하게 된다. 첫째, 공실 이슈다. 아직 임대차 만기가 남아 있음에도, 갑자기 임차인이 퇴거하는 경우다. 혹은 건물 준공 시점에, 경제 상황 악화로 수개월간 임차인을 찾지 못할 수도 있다. 공실이 발생하면, 임대료를 못 받을뿐더러 관리비도 부담해야 한다. 둘째, 금리 변동이다. 대내외 경제 상황이 악화하여 금리가 급등하면, 보유한 건물의 수익률이 악화할 수 있다. 셋째, 건물 건축 중 혹은 준공 이후에도 건물에 하자가 발생하면 골치 아픈 일이 생길 수 있다.

놀랍게도 피하고 싶은 이 모든 일을 인천 지역 상업용 건물에 투자하면서 경험할 수 있었다. 건물 공사가 지연되면서 준공 시점이 예정보다 4개월이나 늦게 완료되었다. 이 때문에 다른 건물과 임차 경쟁을 해야 했다. 경기가 악화하며 사무실 수요도 급감했다. 투자보다 더 중요한 것은 대응이다. 고민을 거듭하다 당장 기약이 없는 임차 세팅보다는 직접 사업장을 운영하는 쪽으로 방향을 잡았다. 이미 임차인으로 무인 매장을 운영하고 있었기에 유연한 사고를 할 수 있었다. 우선 떠올렸던 것은 사업장의 장점을 살릴 수 있는 공간 대여 비즈니스였다.

사업장의 장점
- 바다와 호수 뷰 동시 조망이 가능
- 해당 지역 파티룸 검색 수요가 충분

• 운영 중인 블로그로 추가 수요 견인이 가능

좋은 입지의 건물은 결국 사람들로 채워진다. 입주 초기 많았던 공실도 시간이 흐르면서 결국 해결되었다. 약 8개월 동안 공간 대여 겸 파티룸 사업장으로 해당 호실을 활용했다. 스페이스클라우드, 네이버 플레이스를 활용해서 오프라인 사업을 운영했다. 공간 대여 겸 파티룸을 이용해본 고객들은 창 너머로 펼쳐지는 오션뷰와 세련된 내부 인테리어에 만족해했다. 또한 운영하던 블로그를 활용해서 사업장을 수익화했다. 블로그 이웃을 초대해서 다양한 모임과 강의도 진행했다.

이후 해당 호실을 월세받는 사업장으로 전환했다. 임차 기업은 온라인 쇼핑몰 사업을 하는 법인 사업자였다. 만약 무인 매장을 운영하지 않았더라면, 임대인 관점만 가지고 공실 이슈를 해결하려고 했을 것이다. 즉 시간이 빨리 흐르기만을 기다리며 공실을 방치했을 확률이 높다. 그러나 내게는 버려진 공간을 멋지게 무인 매장으로 전환한 경험이 있었다. 따라서 임차인 관점에서 해당 호실의 활용 가치를 떠올려볼 수 있었다. 건물 준공을 앞두고, 불가피한 공실이 예상된다면 이처럼 빠르게 사업장으로 전환하는 것이 방법이 될 수 있다.

미리 잔금을 치르고 빠르게 임차를 세팅하는 것도 방법이다. 필요한 경우 비용을 더 써서라도 임차인이 선호하는 인테리

잠시 운영했던 공간 대여 겸 파티룸 사업장의 모습

어를 해두는 것이 좋다. 이후 필요한 임차를 맞추기 위해서는 최대한 많은 부동산 중개소에 홍보를 해야 한다. 보통 50군데 이상 내놔야 임차인을 구할 수 있다. 이후 내 매물이 가장 먼저 임차인에게 소개되는지 지속적으로 모니터링해야 한다.

부동산 중개소에 매물을 효과적으로 홍보하기 위한 또 하나의 팁이 있다. 자신의 호실 번호, 평형, 임대료, 특장점 등을 상세히 기재한 전단지를 직접 출력하여 코팅한 후, 부동산 중개소에 전달하는 것이다. 단순히 종이로 출력한 전단지를 가져가는 것도 좋지만, 다른 광고물과 함께 버려질 가능성이 있다. 따라서 전단지를 코팅하여 부동산 중개사한테 전달하면 더욱 눈에 띨 것이며, 효과적인 홍보가 될 수 있을 것이다.

마지막으로, 중개 수수료 협의보다 매물 컨디션과 가격이 더 중요하다. 결국 중개사 입장에서는 거래가 되어야 하다 보니 매수인에게 소개할 수 있는 매물이 더 낫기 때문이다. 내 매물이 1등으로 소개될 수 있는지 생각해보자. 추가로 중개사에게 나는 언제든 연락이 되는 사람이고, 적극 협조가 가능하다는 점도 잘 어필해두면 좋다.

이처럼 월세를 받는 부동산은 단순히 매수로 끝나는 것이 아니라 지속적인 관리가 필요하다. 때로는 임차인 관점에서의 기획력도 필요하다. 사업장 운영자와 월세받는 임대인을 동시에 경험하면서 느낀 바가 있다. 불로 소득은 존재하지 않는다. 어떤 일이든 치열한 노력이 없이는 결실을 얻을 수 없다는 것은 당연한 사실이다.

나는 소유의 삶을 살기로 결심했다

8장

잔금 대출 및 소유권 이전 절차

상업용 건물에 투자하는 개인 혹은 기업 모두 은행에서 대출을 활용한다. 은행 대출을 활용해야 적은 금액으로도 투자할 수 있고, 수익률 또한 높기 때문이다. 따라서 주거래 은행을 정해두고, 미리 신용 관리 및 소득을 체크해두면, 건물 매입 시에 조금 더 유리한 조건으로 대출을 활용할 수 있다.

은행에서는 상업용 건물 대출을 기업 대출로 분류한다. 이 대출은 사업자 대출(시설 운전 자금)로 분류되므로 DSR 규제에 포함되지 않는다. 잔금 대출 시 매수인은 각 은행 지점장과 대출 가능 금액이나 조건 등을 사전에 협의해야 한다. 대출 한도

및 금리 조건이 은행마다 다르기 때문이다. 따라서 최소 3군데 이상의 은행에 연락해서 꼼꼼하게 대출 조건을 비교해야 한다. 부동산 소유주 단톡방에서 지점장 연락처를 확보한 후 다음과 같이 문자를 보낸다.

> "안녕하세요, ○○○ 건물 소유주입니다. ○○○님께 지점장님 연락처를 소개받아 문자드립니다. 잔금 대출 문의드리려고요. 보시고 연락 한번 부탁드립니다."

은행 대출 실행 시 필요한 서류는 다음과 같다(은행마다 다를 수 있음).

- 매매계약서 전체 사본
- 사업자등록증, 신분증 사본, 주민등록등본 1통
- 원청징수영수증 2년분
- 국세, 지방세 납세 증명서

안내받은 서류를 제출하고 나면, 보통 5일 내로 은행에서 연락이 온다. 은행은 먼저 매수인의 신용도를 조사 평가한다. 그다음으로 부동산의 시세를 먼저 간략하게 평가하는 탁상 감정을 실시한다. 이후 건물의 감정 금액을 기준으로 가능한 대출 금액을 산정한다. 이때 중요한 사항은 저렴한 건물 매입가이다. 시세 대비 건물 매입 금액이 저렴할수록, 은행 입장에서는 더 안전한 자산이기 때문이다. 매수인은 신용도에 따라 추가로 신용 대출을 받을 수도 있고 조금 더 좋은 조건의 대출 한도와 금리를 적용받을 수도 있다. 상업용 건물은 매수인의 실제 사용 여부 및 개인의 신용도에 따라서 최대 80%까지도 대출을 받을 수 있다.

마지막, 대출 시 확인해야 할 사항으로 RTI(임대업이자상환비율)에 관한 이해가 필요하다. RTI는 건물의 담보 가치 외에 예상 임대 수익으로 매수인의 이자 상환 가능 여부를 산정하는 지표다. 즉 쉽게 말해 매수한 상업용 건물이 공실 상태일 경우, 은행에서는 예상 임대료를 산정해서 대출 한도를 안내한다. 이 때문에 대출 한도가 처음 예상했던 수준보다 훨씬 낮아질 수 있다. 따라서 일임사(일반임대사업자) 형태로 대출을 받는 것은 불리할 수 있다. 따라서 현재 상업용 건물 매수는 실제 매출이 있는 법인과 같은 기업에게 매우 유리하다.

잔금 대출 실행 전날, 잔금 정산 내역을 은행 법무사가 보내준다. 법무사가 안내하는 은행 계좌에 직접 금액을 입금하면 된다. 지식 산업 센터, 오피스 취등록세는 매매가의 4.6%이며, 카드 결제 시 카드사에 따라 분할 납부가 가능하다. 마지막 취등록세까지 납부하면 지식 산업 센터, 오피스 매매의 모든 절차가 마무리된다.

　상업용 건물 투자를 공부하기 전, '건물주'는 내 삶과는 전혀 무관한 주제였다. 그러나 공부하면서 느낀 것은, 금융과 제도를 잘 활용한다면 적은 돈으로도 내 명의로 된 건물을 마련할 수 있다는 사실이었다. 한 살이라도 젊을 때 '건물주'가 되는 방법을 공부해둔다면 미래의 내게도 도움이 될 수 있었다. 은행 대출을 활용해서 건물을 마련 후, 월세 대신 이자 비용으로 사업을 하는 형태도 가능하기 때문이다. 이 경우 사업을 열심히 해서 매출이 상승할수록 내 건물의 자산 가치도 상승하니 일거양득이다.

　특히 무인 매장을 창업해서 운영해본 경험은 상업용 건물 공부와 투자에 큰 도움이 되었다. 좋은 입지의 건물을 눈여겨보고, 지역 상권의 특성을 분석할 수 있게 되었기 때문이다. 여러 건물을 임차인 혹은 임대인 관점에서 비교해보는 습관도 새겼다. 예를 들면 '내가 건물주라면 어떻게 건물 포트폴리오를 효율적으로 구성할 수 있을까?'와 같은 생각이 그것이다.

　뉴스에서 연신 상업용 부동산의 위기를 언급하고 있다. 2022년 하반기부터 불거진 PF(프로젝트 파이낸싱) 부실 이슈도 여전히 진행형이다. 이 때문에 신규 상업용 건물 건설 계획은 무기한 연기되있다. 토지비와 건설비는 크게 상승하여 미래에는 공급 또한 대폭 감소할 것이다. 지난 역사가 증명하듯 금리가 계속 오를 수는 없다. 만약 금리가 오르더라도 수요가 충분하고 공급이 제한된 지역에 있는 건물이라면 임대료를 올릴 수도 있다. 즉 금리 상승분을 임차인에게 일부 전가할 수 있다.

따라서 지금 이 시기는 누군가에게는 분명 기회가 될 수 있다. 모두가 특정 자산을 외면하는 시기는 곧 누군가에게는 기회가 되었기 때문이다. 따라서 현 시기, '월세받는 부동산'을 공부하며 좋은 건물을 선별하는 눈을 기른다면, 언젠가는 진짜 건물주의 꿈을 이룰 수 있는 발판이 될 것이다. 부동산 투자에서 가장 난이도가 쉬운 아파트부터 시작하더라도 결국 많은 이들의 꿈은 건물주일 테니까 말이다.

9장

그렇게 살아가다 보면
진짜 잘될 겁니다

퇴근 후 저녁 시간에 매장을 방문했던 어느 날, 바쁘게 청소 중이었다. 고객이 많아지는 시간이라 빗자루를 들고 바닥의 먼지를 쓸고 있었다. 그때 한 40대 남자 손님이 다가와 물었다. "사장님은 이 매장만 운영하시는 거예요?" 짧은 대화가 이어졌다. "아니요, 직장 생활을 병행하면서 부업으로 매장을 운영하고 있습니다." 내 대답에 그 남자 손님은 놀라워하며 말했다. "젊은 분이 열심히 사시는 모습이 보기 좋아요. 잘될 겁니다. 정말로요." 그분의 말에서 진심이 느껴졌다. 그 한마디가 얼마나 큰 힘을 주었는지 모른다.

잘된다는 것은 무엇일까? 나의 꿈과 목표를 위해 열심히 한 발, 한 발 내딛는 것, 그리고 마침내 해내는 모습이 아닐까. 내가 걷는 이 길의 끝이 창대할지 미약할지는 모르겠다. 아직 가보지 않은 길이기 때문이다. 솔직히 소유의 길, 생산자의 길이 두렵기도 하다. 그래도 내가 선택한 이 길에서 계속해서 도전할 것이고, 나아가야겠다고 다짐했다. 두려움 또한 느끼겠지만 그 감정 또한 연료를 삼아서 말이다.

젊음은 열심히 살 때 가장 빛나는 것 같다. 청년이 열심히 살고자 할 때, 그 누구도 그 의지를 비난할 수 없다. 오히려 모두가 응원한다. 그 응원을 힘으로 삼아 더욱 열심히 살아갈 것이다. 따라서 나 역시 앞으로 만나는 모든 사람에게 따뜻한 말 한마디, 응원의 메시지를 아끼지 않아야겠다고 다짐했다. 식당에 가서도 "덕분에 정말 잘 먹었습니다", "대박나세요. 사장님"과 같은 말을 할 것이다. 나는 집 앞에 새로 오픈하는 식당이 있으면 일부러라도 찾아간다. 밥을 먹고 나서 계산할 때 초보 사장님한테 먼저 말을 건넨다. "사장님 영수증 리뷰 필요하지 않으세요? 제가 리뷰 좋게 남길게요." 그런 말 한마디가 그들의 얼굴을 환하게 만든다.

무인 매장을 오픈한 후, 바로 앞에 위치한 2,000여 세대 아파트 단지 우편함에 열심히 전단지를 넣었던 기억이 난다. 퇴근 후 마치 알바생처럼 전단지를 돌릴 때는 사람들을 마주치기 싫었다. 그래서 주로 밤 혹은 새벽 시간에 아파트 단지를 돌아다녔다. 지칠 때면 문득 '왜 이렇게까지 열심히 해야 하는 것인가' 같은 생각이 들었다. 그러나 그럴 때마다 반드시 내가 원하는 미래를 얻어내겠다는 생각 하나로 힘을 낼 수 있었다.

당시에 내가 듣고 싶었던 말은 "쉬엄쉬엄해"보다는 "그래, 한번 열심히 해봐. 그 길 끝까지 가봐"와 같은 것이었다. 목표를 위해서 열심히 달려가는 이들에게 '적당히 해라'는 말 대신 '당신이 선택한 그 길 끝까지 달려보라'는 말을 건네고 싶다.

정말 잘될 거라고, 온 힘을 다한 격려를 한가득 실어주고 싶다.

나는 소유의 삶을 살기로 결심했다

4부

디지털 플랫폼을 활용해서
온라인 건물주가 되는 방법

1장

디지털 플랫폼을 활용해야 하는 이유

현재 꽤 다양한 디지털 플랫폼을 운영하고 있다. 중심이 되는 것은 나의 이야기, 즉 콘텐츠다. 블로그 이웃 약 5,000명, 스레드 팔로워 약 5,000명, 인스타그램 약 1,500명, 브런치 약 150명으로 모든 플랫폼을 합치면 약 1만 명이 넘는 팔로워를 보유한 크리에이터인셈이다. 그것이 "뭐 그리 대단한 성과냐"라고 반문할 수도 있다. 그러나 이 정도 규모의 팔로워만으로도 충분히 많은 기회를 얻을 수 있었다. 회사에 다니며 틈틈이 구축해둔 나만의 플랫폼이 없었다면, 6년 다닌 대기업을 절대로 나올 수 없었을 것이다.

처음부터 디지털 플랫폼을 활용해서 삶을 기록해야겠다고 생각한 것은 아니다. 오히려 그런 삶과는 전혀 무관하다고 생각했다. 지난 6년간 기업에서 광고 기획 및 세일즈 업무를 담당하며 수많은 크리에이터를 만났다. 그들의 콘텐츠를 클라이언트의 니즈에 맞게 잘 조합하고 기획해서 세일즈를 하는 것이 내 업무 중 하나였다. 브랜드 캠페인을 진행하고 종료할 때마다 유명 유튜버에게 지급되는 금액은 어마어마했다. 직장만 열심히 다녔던 나는 콘텐츠 생산이 곧 나의 일이 될 것이라는 생각을 해본 적이 없었다. 이후 시간이 흘러 당장은 아니더라도 나만의 콘텐츠와 미디어를 소유해야겠다는 막연한 생각을 했었다.

《시대예보》의 저자 송길영 작가는 말한다. "인스타그램의 달리기 기록, 블로그의 구독자처럼 측정된 권위를 쌓아가는 것"이 학교 졸업장이나 기업의 사원증보다 더 중요한 시대가 되었다고 말이다. 팬데믹 시기를 지나며 TV와 같은 전통 미디어 채널은 점점 힘을 잃어갔다. 더 이상 콘텐츠와 미디어는 특정 집단의 전유물이 아니었다. 이제는 누구나 크리에이터가 될 수 있는 세상이 되었다. 스스로 세상에 접점을 만들고, 사람을 모으고 증거를 획득한다면 권위를 부여받을 수 있다. 따라서 소비가 아닌 소유와 생산의 관점으로 디지털 미디어를 선점하는 것이 필요하다. 특히 하나의 플랫폼만 고집하는 것이 아닌 다양한 플랫폼을 함께 활용하는 것이 더 중요하다.

나는 소유의 삶을 살기로 결심했다

자유를 얻겠다는 결심 후, 나의 고민과 성장 과정을 기록할 첫 플랫폼으로 네이버 블로그를 선택했다. 이후 나의 글과 생각을 좋아해주는 구독자들이 생겨났다. 3년 넘게 꾸준히 블로그에 약 600여 개 이상의 글을 남겼고, 어느덧 5,000명이 넘는 이웃(팔로워)을 보유하고 있다. 송길영 작가의 말을 빌리자면 '블로거로서 내가 활동한 지난 3년, 600여 개 이상의 글, 5,000명이 넘는 이웃'이라는 기록은 측정된 권위인 셈이다. 블로그 하나만으로 더 많은 기회를 창출할 수 있었다. 그렇게 나 또한 고유의 콘텐츠와 플랫폼을 소유하게 되었다. 소유의 삶, 그 관점을 디지털 세상에도 똑같이 적용한 것이다.

이후 블로그뿐 아니라 더 다양한 플랫폼을 활용하기 시작했다. 블로그에 새로운 글을 쓰면 그 내용을 조금씩 변형하여 다른 플랫폼에 게시한다. 예를 들어 같은 내용의 글이라도 글의 제목을 바꿔서 브런치에 올리는 식이다. 그리고 짤막한 카드 뉴스로 만들어 인스타그램에 올린다. 혹은 더 짧은 문단으로 나눠서 트위터나 스레드에 글을 남기기도 한다. 이렇게 하면 블로그, 인스타, 스레드 더 나아가서 유튜브까지 모든 플랫폼을 하나의 콘텐츠를 가지고 연결할 수 있다. 완벽한 원 소스 멀티 유즈 전략이다. 특정 하나의 플랫폼에 집중하며 승부를 내는 것은 좋은 전략이다. 그러나 그것만 고집할 필요는 없다. 다양한 플랫폼을 활용하면서 각각의 장점을 취하는 것도 분명 좋은 방법이기 때문이다. 내가 블로그 단일 플랫폼만 고집했다면 종이책 출간은 꿈꿀 수 없었을 것이다. 다양한 디지털 플랫폼을 활용해야만 하는 이유는 더 있다.

다양한 구독자를 만날 수 있다

더 다양한 구독자들과 접점을 만들 수 있다. 각 플랫폼에서는 운영자에게 구독자 정보나 통계를 '인사이트' 탭에서 확인할 수 있도록 서비스를 제공한다. 데이터를 확인해보면, 동일한 글일지라도 플랫폼별로 팔로워의 연령대나 성비가 다르다는 것을 확인할 수 있다.

네이버 블로그는 여전히 국내 1등 검색 엔진이다. 따라서 가장 대중적인 플랫폼이다. 브런치는 출판사 관계자들이 신인 작가 발굴을 위해 눈여겨보는 플랫폼이다. 글에 관심이 많은 유저가 모여 있어, 다른 플랫폼에 비해 대체로 양질의 글이 많다. 인스타그램은 이미지, 릴스 중심의 트렌디한 콘텐츠를 선호하는 젊은 유저층이 많다. 스레드는 즉흥적인 감정이나 생각을 짧은 글 형태로 공유하는 유저가 많다. 링크드인에서는 주로 커리어, 글로벌 기업, 스타트업에 관심이 많은 이들이 활동한다. 이 외에도 개발자 커뮤니티 커리어리, 스타트업 종사자들이 모인 이

오플래닛 등 수많은 플랫폼이 존재한다. 이처럼 다양한 플랫폼에 나의 콘텐츠를 게재함으로써 선순환 효과를 노려볼 수 있다. 구독자 접점은 넓히고, 나의 플랫폼으로 유입되는 트래픽은 점차 증가하는 방향성으로 말이다.

대체 불가한 개인이 될 수 있다

회사에서 얻는 지식과 경험을 콘텐츠로 만들어 타인에게 인사이트를 공유하는 개인이 있다. 반대로 회사 일만 잘 해내는 개인이 있다. 더 많은 기회가 전자에게 주어질 것은 분명하다. 다양한 디지털 플랫폼을 활용한다면, 수익 창출뿐만 아니라 개인의 브랜드 가치를 높일 수 있기에 이득이다. 《질문 있는 사람》의 저자 이승희님은 배달의민족(배민) 마케터가 되고 싶어, 블로그에 배민과 관련된 글을 꾸준히 올렸다. 결국 꾸준히 쌓은 블로그 글 덕에 실제로 배민 마케터가 될 수 있었다. 이후에는 인스타그램에 '영감 노트'라는 계정을 만들어 일상에서 떠오른 영감을 기획자의 시선으로 풀어낸다. 방문한 매장, 우연히 발견한 간판, 책을 보다가 든 생각 등을 SNS 계정에 꾸준히 업로드한다. 이승희님이 특별한 기획자이자 마케터가 된 비결은 간단하다. 본업에서 쌓은 경험과 역량을 디지털 플랫폼에 기록한 것이다.

수익 창출이 가능하다

우리는 큰 투자금 없이도 콘텐츠와 플랫폼만으로도 수익을 얻을 수 있다. 회사에 다니며 열심히 쌓은 SNS 콘텐츠로 1,000명의 구독자를 모았다면, 퇴사를 실행할 수 있는 1차적인 준비는 완료된 것이다. 내 콘텐츠를 좋아하고, 구독해주는 사람들이 있다면 어떤 식으로든 비즈니스가 가능하다. 나는 블로그 이웃이 1,000명이 넘어가는 시점부터 수익화를 시도했다. 블로그 이웃 대상으로 투자 스터디, 글쓰기 모임 등 다양한 강의와 모임을 진행했다. 블로그에서 창작자에게 지급하는 네이버 애드포스트와 같은 광고료는 덤이다. 블로그뿐만 아니라 틱톡, 인스타그램, 유튜브, 엑스(X) 등 각 플랫폼은 크리에이터 수익화 모델을 다변화하고 보상 프로그램을 늘리고 있다. 따라서 퇴근 후 창작 활동을 지속하며 제2의 월급을 노려보는 것은 현명한 전략이 될 수 있다.

네트워크가 확장된다

다양한 플랫폼에서 활동하면 더 넓은 네트워크를 구축할 수 있다. 회사나 학교 혹은 내 기존 인맥을 통해서 만날 수 없었던 사람들을 만날 수 있다. 그들과의 만남을 통해서 조언을 얻기도 하고, 투자와 사업 인사이트를 공유받기도 한다. 네트워크는 점점 확장되며, 퇴사 후에도 다양한 협업의 기회를 얻을 수 있다. 단언컨대 성장 속도를 빠르게 높이는 전략은 사람을 만나 배우는 것이다.

사업화가 가능하다

운영한 플랫폼과 나의 콘텐츠를 기반 삼아 사업체로 만들 수도 있다. 블로그 등 다양한 플랫폼의 구독자는 사업 MVP (Minimum Viable Product) 테스트를 통과한 것과 비슷한 효과가 있다. 여러 플랫폼을 꾸준히 운영한 덕분에 정부 지원 사업 '예비 창업 패키지' 합격과 미디어 특화 입주 기업 선정 성과를 낼 수 있었다. 두 가지 지원 사업 모두 퇴사 후 사업을 추진하는 데에 있어 정말 큰 도움이 되었다.

이렇듯 회사에 다니면서 놓고 싶지 않았던 한 가지는 나만의 콘텐츠와 플랫폼을 확보하는 것이었다. 꼭 부자가 목표가 아니더라도, 이제 개인은 필수적으로 소셜 미디어를 해야 하는 시대다. 본업이 무기가 될 수 있는 직장인이라면 링크드인을 시작하자. 브런치에는 직장에서 얻는 지식과 경험을 공유하자. 초기 사업 모델의 가능성을 검증하고 싶다면, 인스타그램을 활용해보자. 꼭 회사가 아니더라도, 나의 것을 시도하고 시작할 수 있는 계기가 될 수 있다. 프리랜서, 사업가, 투자자 또한 시도할 수 있는 모든 소셜 미디어를 시작해보는 것이 좋겠다.

엄청난 기회가 우리 앞에 있다.

2장

나의 가장 작은 도미노,
블로그 글쓰기

게리 켈러의 책 《원씽》에서는 아주 작은 도미노가 마침내 가장 큰 도미노를 무너뜨리는 그림이 나온다. 나의 아주 작은 도미노는 블로그 글쓰기다. 소유의 삶을 결심 후 들었던 감정은 막연함, 분노, 두려움 같은 것들이었다. 내 안의 감정을 꺼내어 그것과 마주할 용기가 필요했다. 한번 결심한 마음을 지속할 힘이 필요했다. 글을 유려하게 쓰는 것은 중요하지 않았다. 2020년 가을부터 나의 고민이나 성장 과정을 블로그에 공개적으로 남기기 시작했다. 회사 생활을 하면서 이런저런 스트레스로 에너지가 소진되는 날에는 그 감정 또한 블로그에 모두 공유했다.

주어진 현실에 좌절감을 느낄 때 자신을 다잡기 위해 시작한 글쓰기였다. 신기하게도 쓰고 나면 조금 나아졌다. 두려움은 덜해졌고, 할 수 있을 것 같은 용기가 생겼다. 그 이후, 지금까지 꾸준히 블로그에 4년째 글을 남겨오고 있다. 당시 블로그와 글쓰기로 무수히 많은 기회를 창출할 수 있을 것이라는 생각은 해본 적이 없었다. 꾸준하고 일관된 글이 이어지자, 내 꿈과 방향성에 공감하고 응원하는 사람들이 생겨났다. 그렇게 응원받으며 목표한 바를 결국 이뤄내는 선순환으로 이어질 수 있었다.

"에디님 블로그가 좋은 점은 한 사람의 성장 과정을 담고 있다는 것 같아요. 아시다시피 많은 투자 블로그가 있지만 대부분은 이미 완성된 분들이기에 저처럼 처음 시작하는 사람 입장에서는 너무 멀게 느껴지고 잘 와닿지 않는 부분이 많았거든요. 그래서 저 같은 사람 입장에서 오늘 강의는 참 좋았습니다."

- 한 블로거가 남겨준 피드백

블로그를 기반으로 첫 번째 강의를 진행했을 때 받았던 피드백이다. 이분은 우연히 '투자', '30대 남자 인생'과 같은 키워드를 네이버에 검색하다 내 블로그를 발견했다고 했다.

글들은 차곡차곡 쌓였고, 블로그는 이내 나의 또 다른 명함이 되어주었다. 그 덕에 사업가나 투자자 모임에 가서 새로운 사람을 만날 때 훨씬 편했다. 장황한 소개 대신, 내 블로그를 보여주면 되었기 때문이다. 블로그에 일관된 생각과 그에 맞는 활동을 남겨왔기 때문이다. 무엇보다 사람들은 내 블로그에 담겨 있는 '꾸준함'에 주목했다. 그 덕에 뛰어난 또래 투자자, 사업가 등 여러 사람을 만나 시야를 확장할 수 있었다. 블로그로 만난 사람들과 비즈니스 협업을 같이하기도 했다. 사업체 웹 사이트 구축, 로고 디자인, 유튜브 콘텐츠 콜라보, 광고 대행과 같은 수많은 프로젝트를 함께할 수 있었다. 사업을 하면서 현재 내게 가장 많은 조언과 기회를 주는 친구 또한 역시 블로그로 만났다.

사회 생활을 시작하면 인간 관계는 더욱 기존 범주에서 확장이 어려워진다. 따라서 보통 우리가 타인과 다른 길을 가면, 주변 사람으로부터 응원과 지지를 받기 어렵다. 그러나 블로그를 통해서 만난 사람들은 내가 가는 길을 열렬하게 응원해주었다. 용기가 필요할 때는 스스로 모임을 만들었다. 혹은 다른 블로거가 운영하는 모임에도 적극 참여했다. 회사에 다니며 참석한 사업가 모임을 통해 비로소 퇴사 결심을 굳힐 수 있었다. 이미 사업가, 1인 기업가였던 대표님들은 내게 "당신은 할 수 있다"라고 말해주었다. 사업이나 투자 인사이트는 덤이었다.

시간이 흘러 블로그 이웃 수는 점차 더 많아졌다. 소중한 인

연은 더욱 확장되었고, 기회는 또 다른 기회를 가져다주었다. 마치 작은 도미노가 큰 도미노를 무너뜨리는 것처럼 말이다. 아래는 내가 성취한 것들이다.

- 온오프라인 스터디 개설
- 온오프라인 강연 및 강의
- 오프라인 사업장 수익화 연결
- 네이버 애드포스트 수익
- 네트워킹 확대
- 정부 지원 입주 기업 선정

  …

혼자 일기장이나 메모장에 글을 기록하는 것도 좋다. 그러나 블로그와 같은 온라인 플랫폼에 기록하는 것만으로도 훨씬 더 많은 기회를 얻을 수 있디.

그리고 삶을 바꿀 수 있다.

3장

글쓰기를 습관화하는 방법

글쓰기란 '마음을 부지런히 쓰는 일'이라고 생각한다. 글을 쓰기 시작하면 내게 주어진 삶을 허투루 보내지 않게 된다. 늘 관찰해야 하기 때문이다. 나의 고민이나 감정, 꿈과 같은 요소를 관찰하고 기록하는 일은 분명 부단히 움직여야 가능한 것이다. 많은 사람이 내게 묻는다. "에디님은 어떻게 회사에 다니면서 꾸준히 글을 쓸 수 있었나요?" 지치지 않고 꾸준히 글을 쓸 수 있었던 이유는 하나다. 나를 위해서 썼기 때문이다.

《출판하는 마음》의 저자 은유님에 따르면, 자신을 솔직하게 드러내는 글이 좋은 글이다. 누구를 위로하겠다기보다 내가 나를 알아가는 기쁨으로 글을 쓰는 것이다.

> "저자는 자기 글의 최초 독자다. 저자가 최초로 위로받는 독
> 자인 게 맞다. 자신을 위로하지 못하는 글은 타인도 위로하
> 지 못할 것이다. 반면에 글감이 되지 못하는 내용은 잘난 척
> 이 될 만한 것들, 과시하는 내용들이다."
>
> - 은유의 《출판하는 마음》(제철소, 2018) 중에서

생각해보면 늘 완벽한 글에 대한 강박이 있을 때 글쓰기가
힘들었다. 혹은 지속적인 성과를 계속 보여주어야 한다는 생각
에 사로잡혀 있을 때가 그러했다. 힘을 덜어내고 나 자신에게
집중할 때 글쓰기의 진도가 나갈 수 있다. 《내 생각과 관점을
수익화하는 퍼스널 브랜딩》의 저자 촉촉한 마케터님도 과시보
다는 나의 성찰에 집중한 글쓰기의 중요성을 강조한다.

> "시간이 지날수록 자랑 배틀이 되어가고 있습니다. 마케팅이
> 나 브랜딩 관련 분야라면 얼마를 벌었느냐가 모든 것을 결정
> 하는 것처럼 보입니다. 새로운 방식으로 놀라운 수입을 올리
> 는 사람이 되어야만 할 것 같습니다. 그게 아니면 모두 낙오
> 자처럼 보이지요. 그렇기에 다들 조용합니다. 빨리 잘 되어
> 서 자랑하고 싶다는 생각에 어리숙하고 지질한 면을 드러낼

수가 없는 것이지요. 하지만 반대로 내가 대단해 보이는 순간은 그 고민을 드러낼 때입니다."

- 촉촉한 마케터(조한솔)의 《내 생각과 관점을 수익화하는 퍼스널 브랜딩》(초록비책공방, 2022) 중에서

대단한 무언가를 써서 보여줘야 한다는 마음을 덜어낸다면, 우리는 글쓰기를 지속할 수 있다. 이 외에도 내게는 다음과 같은 방법론이 글을 쓰는 데 도움을 주었다.

글 쓰는 것에 마음을 내라

사랑하는 사람과 관련된 일이라면 어떻게 해서든 시간을 낸 경험이 있을 것이다. 결국 글 쓰는 일 자체를 삶의 우선 순위로 두는 것이 첫째다. 글을 왜 써야 하는지 스스로 의문이 든다면, 글로 얻을 수 있는 많은 이점을 상상해보면 좋다. 투자와 사업의 길을 결심했다면, 확언한 목표를 실행하며 정진할 수 있다. 직장에서 본업으로 승부를 내고 싶은 사람도 마찬가지다. 퇴근 후 틈틈이 써 내려간 글로 1,000명 이상의 팬덤을 만든다면 대체 불가한 개인이 될 수 있다. 좌절한 순간에도 글을 쓰면서 내 감정에 집중해본다면, 글로써 치유받는 경험을 할 수 있다.

글쓰기는 '가치 탐구'를 향한 여정에 도움이 된다. 솔직한 글을 쓰면서 스스로를 들여다볼 수 있기 때문이다. 처음 책상 앞에 앉아 글을 쓸 때는 어렵다. 그러나 10분이나 30분이 지나면 자연스럽게 글을 쓰며 몰입할 수 있는 상태로 이어진다. 몰입하면서 내가 중시하는 가치와 삶의 원칙을 재정립할 수 있다. 글을 쓰는 사람이 삶의 긴 여행에서 롱런할 수 있다. 그 믿음이 글쓰기를 지속할 수 있는 동력이 되어주었다.

나를 믿지 않고, 내가 세팅한 환경을 믿는다

왜 글을 써야 하는지 스스로 이유를 물어 그 답을 찾았다면, 다음은 시간을 확보할 차례다. 온전히 글에 집중할 수 있는 시간이 필요하다. 롭 무어의 《레버리지》에서도 강조하는 것은 '의지력'보다 '환경 설정'이다. 핵심은 내가 설정한 환경을 믿는 것이다. 예를 들어 매일 퇴근 후 1시간씩 글쓰기를 하겠다는 목표를 정했다면, 퇴근 후 바로 집에 들어가는 것이 아니고, 도서관이나 스터디카페로 향하는 것이다. 퇴근 후 바로 집에 가서 저녁을 먹고 책상 앞에 앉는다면, 나의 의지력을 200% 이상 발휘해서 글을 써야 한다. 그러나 퇴근 후 체력과 의지력은 거의 소진된 상태다. 집은 쉬는 공간이라는 관념 덕분에 유혹거리 또한 많다. 그러한 환경에서 최대한 멀리 벗어나는 것이 중요하다. 각 공간의 역할을 명확히 정의하는 것도 방법이다. 글 쓰는 공간을 따로 설정하고 그 장소에서는 오직 글쓰기에만 집중하는 것이다. 이렇게 환경을 설정하면, 우리는 의지력을 소진하지 않고 목표한 바를 실행할 수 있다. 저항감을 줄이고, 나아갈 수 있다.

사람들과 함께한다

글쓰기라는 공통의 관심사를 가진 사람들과 함께하는 것도 좋은 전략이다. 내가 운영하는 글쓰기 모임 '도미노 글쓰기'에서는 매주 평균 4회씩 글쓰기 과제를 수행해야만 한다. 짧은 글로 시작해서 시간이 갈수록 글 분량을 점차 늘려나간다. 처음에는 어렵지만, '글쓰기'라는 하나의 목적을 함께하는 다른 사람들을 가까이 둔다면 오래갈 수 있다.

> "브런치 작가 신청 후 작가 등단까지 해내며, 저같이 글을 안 써본 사람도 글을 못 쓰는 사람도 오히려 내 이야기를 드러낼 때 수요가 있을 수 있음을 확인했습니다. 특별한 기술이나 전략, 경험 없이도 작가라는 타이틀을 얻을 수 있다는 게

저에겐 꽤나 충격이었습니다. 이후 거의 매일 1편씩 글쓰기를 하며 오히려 생각의 폭도 넓이도 모두 깊어진다고 생각하게 되었습니다. 사실 '수치'로 나타낼 수 있는 어떠한 결과물은 없다 할지라도, 새로운 정체성과 새로운 세상으로 첫 발자국을 뗄 수 있게 한 도미노 글쓰기는 저에게 성장의 포문을 열어준 모임이었습니다."

- 도미노 글쓰기 모임의 수강생 후기 중에서

토막글로 시작하라

이제 막 글쓰기를 시작했다면, 아직 긴 글을 쓰는 것이 부담스럽다. 멋진 글을 써야 한다는 강박관념 때문에 글감도 잘 떠오르지 않는다. 그럴 때는 짧은 토막글로 시작해보는 것도 방법이다. 핸드폰 메모장을 활용해서 떠오르는 글감을 적는다. 쓰고 싶은 글의 제목을 쭉 적어볼 때도 있다. 토막 글쓰기는 온전한 나의 하루를 내어줄 필요가 없기에 부담이 덜하다. 출근길이나 지하철에서 또는 회사 점심 시간이나 지인과의 약속 장소에서 기다리는 시간을 활용해 간단히 생각나는 글감을 적어보는 거다.

2023년 메타(Meta)에서 출시한 텍스트 기반 플랫폼 스레드

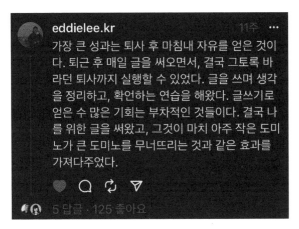

운영하는 스레드 계정(threads.net/@eddielee.kr)

(Threads)는 토막 글쓰기에 좋은 수단이다. 인스타그램은 사진
과 영상을 통해 세상과 연결되는 공간이다. 반면 스레드는 그
연결의 매개체를 텍스트로 사용하는 플랫폼이다. 특히 500자
글자 수 제한이 있어 짧은 글을 적고 바로 유저에게 피드백을

받을 수 있다는 점이 매력적이다. 독서 후 영감을 받은 문장이나 짧은 글감을 스레드에 올려 유저들의 반응을 살펴보고는 한다. 그중에서 많은 공감을 받은 글은 다른 플랫폼에 올렸을 때도 높은 확률로 유저들이 공감했다. 스레드에 썼던 토막글을 이어 붙이면 꽤 괜찮은 긴 글이 나오기도 한다. 스레드를 통해서 글을 꾸준히 적어가다 보니, 내 생각에 공감하는 팔로워가 늘어났다. 이후 스레드 또한 시작한 지 6개월이 채 안 되어 5,000명이 넘는 팔로워가 생겼다. 그 덕에 스레드 파트너에도 선정되어 메타코리아 오피스도 다녀오는 영광을 누릴 수 있었다.

이렇게 다양한 방법을 활용해서 글쓰기를 습관화한다면, 분명 글쓰기는 훗날 내게 큰 무기가 될 수 있다.

우연히 시작한 브런치로 책 출간까지

"내 이름으로 된 책을 내고 싶다."

마음속 버킷리스트 한 가지는 '책 출간'이었다. 변화를 꿈꾸지만 방법을 몰라 헤매는 사람들에게 나의 지식, 경험 그리고 용기를 전달할 수 있다면, 책은 좋은 방법이 될 수 있다. 그러나 평범한 직장인이 책 출간을 하는 방법은 잘 떠오르지 않았다. 종이책, 전자책 출간 스터디에 참석하고 강의도 들었다. 방법은 여러 가지가 있었다. 그중에서도 정통적인 방법은 샘플 원고와 출간 기획서를 만들어 여러 출판사에 투고하는 것이었다. 혹은 자비로 돈을 들여 셀프 출간하는 방법도 있었다.

문득 브런치를 활용해봐야겠다는 생각이 들었다. 다음카카오에서 운영하는 플랫폼 브런치는 누구나 가입할 수 있다. 그러나 글을 쓰는 작가로 활동하려면 브런치 심사팀의 승인이 있어야만 가능하다. 브런치 작가 신청 양식에 따라 글 3개, 작가 소개와 운영 중인 소셜미디어 그리고 향후 활동 계획 등을 작성해서 제출하면 된다.

블로그에 작성했던 글을 정리해서 제출한 지 얼마 안 되어 브런치 작가에 선정되었다는 메일을 받았다. 그날은 마치 출간 계약을 한 것처럼 무척이나 기뻤다. 내게 작가라는 정체성이 주어진다는 사실이 재미있고도 신기한 경험이었다. 마침 브런치에서는 50인의 신인 작가를 선발하는 '10회 브런치북 출간 프로젝트'가 시작되는 시점이었다. 브런치북 결과와는 상관없이 그동안 달려왔던 내 이야기를 기록하고 싶었다. 어느 날, '무인 매장'을 주제로 쓴 글이 브런치 알고리즘에 노출되기 시작했다. 글 발행 후, 얼마 지나지 않아 조회수가 천 명이 넘었다는 알림이 울렸다. 이후 오천 명, 만 명이 넘었다. 당시 브런치 구독자 수는 30여 명에 불과했기에 더욱 신기한 경험이었다. 오랫동안 운영해온 네이버 블로그도 네이버 메인에 걸리는 행운은 없었다. 그러나 브런치 알고리즘 덕에 기회를 잡을 수 있었다.

"왜 브런치를 해야 하나요?" 사람들은 글쓰기 플랫폼은 블로그로 충분하지 않냐고 이렇게 묻는다. 필요를 느끼지 않는 사람

나는 소유의 삶을 살기로 결심했다

에게 애써 다른 플랫폼을 권할 수는 없는 노릇이다. 당장 수익화가 필요한 사람에게도 브런치는 적절한 플랫폼이 아니다. 그러나 '책 출간'에 관심이 있거나, '글쓰기' 특히 '양질의 글'에 집중하고 싶은 사람에게 브런치는 분명 좋은 플랫폼이다.

> "현 직장이 저와 별로 맞지 않아 '내 월세 낼 돈만 있어도 그만둘 용기가 있을 텐데' 하는 마음에 '월 100만 원' 이라는 구글 검색어로 '무인 매장' 글에 닿았습니다. 저는 스물 여섯이에요. 작가님께서 가족 구성원의 신변에 위기를 겪으시며 느끼셨을 감정을, 커오면서 부모님과 조부모님의 사정에 의해서 좀 일찍 느꼈습니다. 이후에 학업 능력과 집안 환경이 좋은 친구들이 다수인 환경에서 대학 생활을 했어요. 경제적 능력이 이 세상을 사는 데 너무 중요하다는 사실은 일찍 알게 되었고 고생한 우리 부모님 삶을 좀 펴드리고 싶은데 대학에서는 출발선이 다른 이들에게 지는 법과 포기하는 법을 먼저 배운 느낌이었습니다. 멋진 직업은 크게 욕심도 없고, 그저 가족들과 너무 오래 떨어져 살지 않기를, 바닥에서 시작하는 내 경제력에 실천 가능한 길이 있기를 바라는 한편 정말 뭘 해야 할지 몰라 매일이 암담하고 시간이 아깝던 와중에 큰 용기가 되는 글을 찾은 것 같아요."
>
> - 어느 구독자의 댓글 중에서

나는 블로그나 인스타그램보다 브런치에 더 솔직한 내 생각을 드러낸다. 그와 같은 글을 브런치 유저가 원하기 때문이다. '내가 잘났다고 과시하는 글'보다는 솔직한 나의 고민을 드러내는 데에 더 집중한다. 브런치 구독자들은 되려 그와 같은 글을 응원해주었다.

출판업계가 예의주시하는 플랫폼

브런치에는 '작가에게 제안하기'라는 메뉴가 있다. 이를 통해 브런치 작가는 수많은 출간 제의와 강연, 글 기고 등의 기회를 얻을 수 있다. '도미노 글쓰기' 수강생 중에서도 브런치를 통해

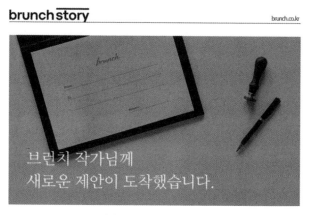

브런치를 통해 받은 책 출간 제안

인터뷰를 요청받은 경우가 있었다. 양질의 글은 다음 포털 메인이나 카카오톡 브런치 채널 등에 소개되기도 한다.

글에 집중할 수 있는 기능과 인터페이스

브런치에서 가장 좋아하는 기능은 '매거진'과 '브런치북'이다. 매거진을 통해 작성한 글 혹은 작성하고자 하는 글을 일관된 주제 아래 묶을 수 있다. 다른 작가와 함께 매거진에 글을 채울 수도 있다. 매거진을 정리해서 브런치 북 형태로 만들어 발간할 수도 있다. 이것은 마치 한 권의 책을 출간하는 과정과 비슷하다. 그 과정에서 브런치 작가는 기획 의도, 목차, 작가 소개를 통해 작품의 완성도를 높일 수 있다. 글 자체에 집중할 수 있는

브런치에서 만든 브런치 북

깔끔하고 단순한 인터페이스는 브런치의 가장 큰 장점이다. 글 이외 부가적인 요소를 사용자 인터페이스에서 최대한 배제하여 작가 본연의 역할에 집중할 수 있기 때문이다.

글감을 발굴할 수 있는 최적화 플랫폼

브런치에 작가들이 담는 이야기는 지극히 평범한 것들에 기반한다. 브런치북 출판 프로젝트 9회 수상작인 《여자야구입문기》가 그중 한 예다. 야구를 몰랐던 여성 직장인인 저자가 사회인 야구 동호회에 가입하며 벌어지는 에피소드를 글로 풀어냈다. 어쩌면 '직장인의 스포츠 여가 활동'이라는 지극히 평범한 주제로, 저자는 우리에게 위로가 되는 메시지를 전달한다.

> "최선을 다해서 응원해주는 이가 내 뒤에 있다. 그들을 뒤에 두고 있으면, 나는 앞을 볼 수밖에 없다."
>
> - 김입문의 《여자야구입문기》(위즈덤하우스, 2022) 중에서

이처럼 '지극히 평범함'을 주제로 한 브런치 글을 읽으며, 나의 글감을 풍부하게 채울 수 있다.

브랜딩에 최적화된 플랫폼

매트리스 브랜드 '삼분의 일'의 전주훈 대표는 브런치에 사업 과정을 기록했다. 그는 과거 대기업의 스프링 매트리스가 독점하던 시장에 당시에는 생소했던 메모리폼 매트리스 제품을 선보였다. 전 대표는 왜 '삼분의 일'과 메모리폼 매트리스가 세상에 필요한지, 어떤 고민을 했는지, 창업 과정에서 어려운 점은 무엇이었는지 빠짐없이 기록했다. 무엇보다 고객이 브랜드에 가장 설득되는 지점은 이러한 과정을 수년간 기록해온 꾸준함이다. 그 덕인지 '삼분의 일'은 2017년, 회사 설립 후 출시 1년

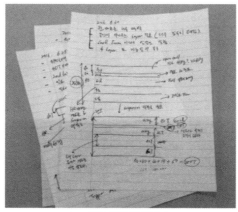

layer 설계와 수면 복기했던 필기들..

바로 퀸사이즈 매트리스로 만들었고 용달차로 싣고 집으로 향했다. 내가 만든 매트리스 위에서 첫날밤은 행복 그자체였다.

'삼분의 일' 브런치 글 내용

만에 매트리스 매출액 100억 원을 달성하고 이후로도 가파른 속도로 성장을 거듭하고 있다.

브랜드를 기획하거나 사업을 시작한다면, 브런치는 좋은 플랫폼이다. 창업자는 플랫폼에 창업 과정과 고민을 남기면서 진정성을 얻을 수 있다. 수많은 브랜드가 고객에게 진정성을 전달하기 위해서 막대한 광고비를 지출한다. 이를 감안하면, 브런치 글쓰기는 효율적인 브랜딩 마케팅 툴인 셈이다.

지금 당장 펜을 들자

이번 책을 기획하며, 자연스레 블로그와 브런치에 글을 써온 지난날을 회고할 수 있었다. 가만히 떠올려보니 그 시간 동안 다듬어진 것은 글뿐만이 아니었다. 나 자신이었다. 이미 지나간 시간을 글로 써보고 제삼자의 시선으로 읽어보기도 하면서, 지금껏 살아온 시간이 정리되는 느낌을 받았기 때문이다. 글쓰기 지향점이 반드시 책 쓰기일 필요는 없다. 글을 쓰는 행위는 그 자체로도 충분히 의미가 있으니까. 그래도 글쓰기를 시작했다면, 추후 꼭 책 쓰기에 도전해보는 것을 권한다.

나는 소유의 삶을 살기로 결심했다

5장

글쓰기로 시도해볼 수 있는 부업

전자책, 수익형 블로그 운영 등 글쓰기로 시도해볼 수 있는 다양한 부업이 있다. 그중에서 가장 관심이 가는 것은 뉴스레터 서비스다. 뉴스레터 운영은 촬영, 영상 편집 기술이 필요하지 않고, 얼굴이나 목소리를 드러내지 않아도 된다. 글 그 자체로 나를 브랜딩할 수 있는 가장 효과적인 수단이다. 뉴스레터 운영자는 일정 기간 무료로 콘텐츠를 제공하면서 기반을 구축할 수 있다. 소셜 미디어와 같은 다양한 채널을 활용하여 꾸준히 홍보하고, 이후 유료 구독으로 전환하여 수익을 창출할 수 있다. 유료 멤버십, 온라인 교육 프로그램, 광고 수입 등 다양한 방법으로 수익화를 도모할 수 있다.

'언섹시 비즈니스'는 전 세계의 화려하지 않은 비즈니스를 소개하는 무료 뉴스레터 서비스다. 창업자 전경석 대표는 1년 반 동안 70개의 글을 작성하며 1만 명의 구독자를 모았다. 그는 '단둘이서 시작해 월 1,000만 원을 버는 블로그'처럼 작지만 개인이 시작할 수 있는 사업을 소개한다. 화려한 스타트업 대신 평범한 개인이 시도해볼 수 있는 사업을 주제로 많은 구독자의 공감을 얻는다. 전 대표는 글을 쓰는 것만큼 중요한 것이 홍보 활동이라고 말한다. 그는 글을 작성한 후 약 10개의 오픈 채팅방과 2개의 커뮤니티에 소식을 알린다.

또 다른 예로는 '윤소정의 생각'이 있다. 트루스 그룹의 윤소정 대표는 16년 넘게 매일 일기를 써왔다. 싸이월드에서 시작한 글이 블로그를 거쳐 유료 글 구독 서비스로 발전했다. 매달 말, 윤 대표의 인스타그램을 통해서만 생각 구독 서비스 신청이 가능하다. 그녀는 직접 선곡한 플레이리스트와 함께 자신의 진솔한 고민과 생각을 유료 구독자들에게 전한다. 자랑과 과시보다는 자신의 고민과 시행착오를 가감 없이 글에 녹여내는 것이 인기 비결이다. 취미로 시작한 글쓰기가 십 년 넘게 구독자들과 만나며 함께 성장하는 원동력이자 수익원이 된 것이다.

나는 소유의 삶을 살기로 결심했다

단계별 전략	내용
플랫폼 선택	스티비, 메일리와 같은 뉴스레터 플랫폼을 선택한다.
대상 독자층 정의	뾰족한 나의 독자층을 정의한다. 처음에는 큰 집단보다 작은 집단을 정의하는 것이 좋다.
장기적 콘텐츠 발행	독자에게 유익한 정보와 통찰을 제공하는 콘텐츠를 정기적으로 발행한다.
2차 마케팅	블로그, 네이버 카페, 오픈 카톡방 등 다양한 플랫폼에 나의 뉴스레터 서비스를 소개한다.
유료화	어느 정도 트래픽이 쌓이면, 이후 더 전문적인 콘텐츠를 제공하며 유료화를 시도한다.

'언섹시 비즈니스'와 '윤소정의 생각'과 같은 예시처럼 뉴스레터는 돈이 될 수 있고, 퍼스널 브랜딩을 돕는 효과적인 수단이다.

뉴스레터에 담을 나만의 콘텐츠는 어떻게 찾을 수 있을까? 첫째로는 회사에서 주로 맡는 업무와 연계하여 생각해보는 것이다. 대기업 신입 시절, 출근하면 시작되는 첫 번째 업무는 매일 업계 뉴스를 정리해서 팀장님께 보고하는 것이었다. 매일 오전 새로 업데이트된 경쟁사 동향이나 이슈를 체크해서 엑셀에 정리했다. 당시에는 그와 같은 단순하고 반복적인 업무가 가치가 없다고 여겼다. 그러나 생각을 바꾸어 해당 업무에 나의 생각을 얹어서 글을 남겼더라면, 그 자체가 새롭게 시도해볼 수 있는 뉴스레터 기획안이 될 수도 있었던 것이다. 이를테면 매일

5개씩 광고, 마케팅 뉴스나 트렌드를 찾고 나만의 관점을 얹어 '시간이 없는 마케터를 위한 5분 뉴스 요약 뉴스레터 서비스'를 만들어볼 수도 있다. 처음에는 아무도 관심을 갖지 않겠지만 그래도 지속하는 것이 중요하다.

둘째로, 사람들이 내게 주로 도움을 요청하는 분야가 있는지 살펴보는 것이다. 취업이나 이직을 희망하는 후배나 동료가 내게 종종 상담을 요청한다면, 커리어를 주제로 한 뉴스레터와 비즈니스를 시작해볼 수도 있을 것이다.

직장을 다니면서도 부가적인 수입을 창출할 수 있고, 나의 브랜딩도 쌓아갈 수 있는 시대가 열렸다. 부동산이나 오프라인 사업을 활용하지 않더라도, 글쓰기를 통해 블로그나 뉴스레터 서비스를 론칭하고 꾸준히 운영한다면, 미래에 나의 직장을 대체할 수 있는 아주 강력한 무형 자산이 될 수 있다.

나는 소유의 삶을 살기로 결심했다

5부

소유의 삶, 그 이후

1장

젊음을 나를 위해 써보기로 했다

월트 디즈니의 CEO 밥 아이거의 책 《디즈니만이 하는 것》을 펼쳤다. 책에는 밥 아이거가 평사원에서 최고 수장 자리에 오르기까지의 과정이 담겨 있다. 가장 인상적인 것은 그가 자신이 마주한 위기에 대응하는 방식과 생각이다. CEO 역할을 검증받는 기간에 아이거는 극심한 스트레스를 받는다. 그리고 그 나쁜 영향은 가족과 친구들에게까지 미쳤다. 하지만 그때 밥의 머릿속에 스치는 생각은 '디즈니가 곧 내 삶은 아니다'라는 것이었다.

회사 일로 크고 작은 스트레스를 받는 것이 일상이었다. 납득할 수 없는 업무 지시가 내려와서 갑자기 야근을 해야 하는 때도 있었다. 혹은 가끔 무례한 거래처 담당자를 만날 때면, 당장 일을 때려치우고 싶을 만큼 극심한 스트레스를 받기도 했다. 그러나 월트 디즈니의 밥 아이거처럼 '회사가 곧 내 삶은 아니다'라는 생각은 나를 구원했다. 더 구체적으로는 '소유의 삶과 관점'이 내게 자유를 가져다주었다.

'나는 더 이상 N년차 직장인이 아니다. 직장인이지만 투자자이며, 누군가에게는 임대인이기도 하고, 사장이기도 하고, 작가이기도 하다.'

이와 같은 생각을 하자, 마침내 회사로부터 자유로워질 수 있었다. 하나의 모습으로 정의될 수 없는 다양한 정체성 덕이었다. 아이러니한 일은 소유의 삶을 살기로 결심한 후, 회사에서 더 좋은 퍼포먼스를 펼쳤다는 것이다.

회사에만 몰입했던 내게 일어났던 변화는 다음과 같은 것이었다.

- 좋은 기회를 다른 동료에게 기꺼이 양보할 수 있었다.
- 다른 사람들의 평가에 연연하지 않게 되었다.
- 하고 싶은 말을 더 당당하게 자주 할 수 있게 되었다.
- 거래처 담당자가 무례해도 타격을 잘 받지 않았다.

　　　　　　　　　나는 소유의 삶을 살기로 결심했다

GOOD에서 BAD으로의 전환은 쉽더라

회사 생활을 잘 이어가던 무렵, 다시 한번 위기가 찾아왔다. 갑작스러운 구조 조정 때문이었다. 어느 날 나의 팀과 본부가 통째로 사라져버렸다. 하루아침에 팀원들이 뿔뿔이 흩어졌다. 많은 선배와 동료들이 짐을 쌌다. 경영진은 실적 악화의 책임을 조직 구성원에게 전가했다. 회사는 구조 조정자 명단에 속한 구성원들을 내보내기 위해 다양한 방법을 동원했다. 공개적인 망신을 주는 자리 배치라던가, 아무 일도 주지 않는다든가 하는 방식으로 말이다. 드라마나 영화에서나 볼 법한 기막힌 장면들이 현실에서 연출되었다. 구조 조정 대상자 중에서는 아픈 가족을 간호하기 위해 반드시 직장이 필요한 사람도 포함되어 있었다. 대상자였지만 가정을 지키기 위해 그와 같은 대우를 감내하며 출근하는 분도 있었다. 10~20년 회사를 위해 헌신한 구성원에게 조직의 마지막 품격은 없었다. 벼랑 끝에 서 있는 구성원을 그토록 잔인하게 내모는 회사에 화가 났다. 급여 외 추가 소득에 대한 고민이 없었던 개인은 회사의 구조 조정 칼날 앞에서 속수무책이었다. 모두가 선망하는 강남 아파트 1채를 실거주 용도로 보유해도 말이다. 영끌해서 서울 상급지에 내 집 한 채를 마련한 채로 소유의 삶을 지속한다면, 오히려 회사에 종속되는 결과로 이어지는 것이다. 이른바 소유의 역설이었다.

회사 생활을 지속한다면, 그것이 곧 나의 미래라고 느껴졌다. 젊음이 지고 이용 가치가 끝나면, 나 또한 언젠가 조직으로부터 버려질 수 있었다. 대기업에서 살아남기 위해서는 두 가지 방법이 있었다. 뛰어난 실력을 증명하거나 유능한 정치술로 조직에서의 생명을 연장하거나이다. 돌이켜보면 회사 생활은 연차가 쌓여도 늘 통제할 수 없는 상황의 반복이었다. 그럴 때마다 화도 나고 분했지만, 이 결과 또한 내 선택에 따른 것이었다. 내 삶을 타인(조직)에 의탁한 결과이기 때문에 사실 당연했다. 조직에서 개인의 주체적인 선택은 제한적이다. 회사 내 정치나 파벌 그리고 조직의 판단에 따라 언제든지 나의 상황이 바뀔 수 있었다. 월급쟁이의 숙명이었다.

큰 조직의 구성원으로서 권토중래(捲土重來, 이 상황을 받아들이고 훗날을 도모한다)의 마음을 가질 수 있다. 하지만 그 선택 또한 근원적인 자유에 대한 갈망을 채워줄 수는 없었다. 회사가 보여준 구조 조정과 조직원에 대한 태도는 내게 확신을 주었다. 소유의 삶을 선택한 나의 길이 옳다는 확신 말이다.

처음 아파트로 투자를 시작했을 때 목표는 경제적 자유였다. 자산 규모를 키워 마침내 독립하는 삶이었다. 다행히도 무인 매장 창업, 블로그 기반 강의 등 회사 밖 기반을 만드는 일도 열심히 했다. 우량한 자산을 소유하는 것만큼 중요한 일은 그것을 지키는 것이었다. 구조 조정 과정을 지켜보며, 더 많은 급여

나는 소유의 삶을 살기로 결심했다

외 소득을 만들어야겠다는 결심을 했다. 목표는 분명했다. 기필코 회사 밖에서 생존할 수 있는 기반을 만드는 것이었다.

퇴사를 결심하다

생각이 거기에 미치자, 문득 젊음이 아깝다는 생각이 들었다. 지금 내게 1,000억을 준다고 해도 70대 노인이 되고 싶지는 않다. 현재 나의 30대의 가치는 1,000억 그 이상인 것이니까. 그렇다면 내가 해야 할 일은 분명했다. 주어진 젊음과 시간을 헛되이 보내지 않는 것, 죽을힘을 다해서라도 지금 하루를 열심히 사는 것, 또 살아내는 것 그리고 최대한 나 자신을 위해서 사는 것이었다. 나는 나의 젊음을 더 이상 회사에 바치지 않기로 마음먹었다.

비로소, 퇴사 결심이었다.

2장

하방보다 상방에 집중한 결과

신입 시절 무엇이든 주어지는 일은 열심히 하겠다는 마인드로 임했다. 하지만 "열심히 하겠습니다"라고 말했을 때 팀장님으로부터 돌아왔던 대답은 이것이었다. "열심히만 하면 안 돼, 잘해야지."

당시에는 꼰대 같은 말이라고 생각했다. K-직장인이라면 한 번쯤은 들어봤을 "잘해라"라는 말을 들을 때면 열심히 하겠다는 사람한테 '거참 너무한 거 아닌가?'라는 생각도 들었다. 그러나 지나고 보니, 기분은 나쁘지만 맞는 말이다. 열심히만 살아서는 절대 변화할 수 없다. 정확한 방향성을 세팅해야 하고, 그 다음 열심히 해야 한다.

가령 부자가 되기로 결심했다면 무조건 하방을 막는 것이 좋은 전략이 될 수 없다. 하방을 막는다는 의미는 두 가지다. 첫째, 고정비와 변동비 지출을 통제하는 것. 둘째, 당장 돈이 되는 부업만 찾는 것.

첫째, 고정비와 변동비와 같은 비용을 극도로 통제하는 방법이 있다. 고정비에는 통신비, 보험료, 서비스 정기 구독료, 집 관리비 등이 포함된다. 변동비에는 생활비, 경조사비 등이 포함된다. 비용 항목을 세세하게 나눠서 불필요한 지출을 통제하는 것은 매우 중요하다. 그러나 비용만 통제하는 전략으로 하방을 막는 것은 확실한 답이 아니었다. 자기 발전이나 성장에 도움이 되는 기회도 당장 비용이 나간다는 이유로 중단해야 했기 때문이다. 사실 솔직한 심정으로는 내 생활 수준을 많이 낮춰가면서까지 소유의 삶을 살고 싶지는 않았다.

본업으로 300만 원을 버는 상황에서 비용을 매월 20%씩 감축하는 계획(a안)에 성공했다고 가정해보자. 그렇다면 최종 172만 원을 순수익으로 저축할 수 있다. 반대로 비용 통제보다는 본업으로 300만 원을 벌면서 부업으로 매출을 20%씩 상승시키는 계획(b안)에 성공했다면, 232만 원을 순수익으로 남길 수 있다. 마지막으로 정말 불필요한 비용을 20%만 감축하고, 매출에 집중하는 계획(c안)에 집중한다면 272만 원을 남길 수 있다. 우리의 에너지는 유한하다. 따라서 같은 노력을 하더라도, 그 에너지의 방향성을 어디에 더 집중하느냐에 따라서 다른 결과를 얻을 수 있는 것이다. (그리고 경험상 돈을 절약하는 것보다 돈을 더 버는 방향이 더 쉽다!)

둘째, 당장 돈이 될 수 있는 사이드잡에 집중하는 방법도 있다. 그러나 이 경우 상방은 닫혀 있다. 퇴근 후 편의점, 배달 아르바이트와 같은 단순 노동 업무가 이 전략에 포함된다. 퇴근 후 편의점으로 출근한다면, 당장은 열심히 산다는 생각에 뿌듯할 수 있다. 그러나 그것은 축적의 삶으로 이어지지 못하는 단순 부업일 뿐이다.

따라서 올바른 방향성은 시간이 흐를수록 경험과 지식이 축적되는 부업을 목표로 하는 것이다. 이미 진행하고 있던 무인 매장 사업이 이 전략에 해당했다. 상권 분석, 임대차 계약, 인테리어, 매물 협상 등을 공부해두면 언젠가 모두 활용할 수 있다.

a. 비용 절감에 집중한 경우

매출	300만 원	300만 원	300만 원
비용	200만 원	160만 원	128만 원
순익	100만 원	140만 원	172만 원

나는 소유의 삶을 살기로 결심했다

b. 매출 상승에 집중한 경우

매출	300만 원	360만 원	432만 원
비용	200만 원	200만 원	200만 원
순익	100만 원	160만 원	232만 원

c. 불필요한 비용만 절감하고, 매출 상승에 집중한 경우

매출	300만 원	360만 원	432만 원
비용	200만 원	160만 원	160만 원
순익	100만 원	200만 원	272만 원

"하방보다는 상방에 집중하고 있다. 에너지를 가두는 방향보다는 최대치로 끌어내는 방향에 집중한다. 무한한 잠재력을 끌어와서 직장인의 마인드셋으로는 생각할 수 없었던 소득을 끌어오는 것. 소득 그 자체에서 끝나는 것이 아니라, 궁극적으로는 가치를 제공하는 것."

- 당시 적었던 일기 중에서

어차피 개인에게 주어지는 에너지는 유한하다. 그 에너지를 최대한 상방을 여는 것에 쓰고 싶었다. 소득 창출 역량을 2~3배 이상 더 키워야겠다는 다짐을 한 것이다. 이를 위해 가장 먼저 나의 업무를 모두 소득 관점에서 다시 나열해보았다.

소득 관점에서 업무를 나열하기

모든 업무를 소득 관점에서 생각하고 나열해보자는 생각은 롭 무어의 책《레버리지》를 읽고 나서부터다. 책에서는 '소득 창출 가치'라는 개념이 나온다. 그 가치를 계산한 후, 더욱 소득 창출 업무에 집중할 수 있었다. 소득에 기반한 사고가 가능해진다. 이 개념을 내 삶에 적용한 후부터 급여 외 소득이 증가하기 시작했다. 어떤 업무에 더 내 시간과 역량을 투입해야 할지 알게 되었다. 소득 창출 가치란, 근로 시간당 생산량을 의미한다. 시간당 생산량을 정확히 알면, 다음 해야 할 일이 명확해진다.

1. 소득 창출 가치를 계산한다.
2. 소득 창출 가치를 넘어서 벌 수 있는 일은 내가 직접하고, 그렇지 못한 일은 위임한다.

소득 창출 가치를 계산해보니 내 본업의 생산 가치가 생각보다 낮았다. 막연하게 대기업에 다니니까 괜찮은 월급을 받는다고 생각했던 나로서는 꽤나 큰 충격을 받았다. 이후 회사 밖에서 시도하는 프로젝트도 모두 소득 창출 가치를 계산해보기 시작했다. 이후 직장 소득 창출 가치보다 못한 일은 위임하고, 그것보다 큰 일은 직접 해야겠다고 다짐했다.

업무	본업
개요	월~금(통근 2.5시간 포함)
주간 시간	52시간
월간 시간	208시간
방문 횟수	22회
매출(월간)	4,000,000원
매출(일간)	181,818원
매출(시간)	19,230원

업무	무인 매장
개요	주3회, 4시간
주간 시간	4시간
월간 시간	17시간
방문 횟수	13회
매출(월간)	1,000,000원
매출(일간)	76,923원
매출(시간)	58,824원

다음으로 한 일은 회사 업무 외 일들을 또 다른 업무로 규정한 것이다. 이후에는 모든 업무를 '소득 기여도'와 소득에 기여하기까지 걸리는 시간('시간')에 따라 구분했다.

1. 당장 소득에 기여하는 업무
2. 당장 소득에 기여하지 않지만, 추후 기여할 것으로 예상되는 업무
3. 소득에 기여하지 않는 업무

스스로 진단해보니, 다수의 업무가 2번과 3번에 치우쳐 있었다. 최대한 1번과 2번 영역에 집중할 필요가 있었다. 즉 우선순위 업무를 중심으로 몰입이 필요했다.《레버리지》의 저자 롭무어는 소득 창출 업무의 핵심은 가장 수익률이 높은 일에 초점을 맞추는 것이라고 설명한다. 소득 창출 업무에 집중해서 매월 목표 수입을 기입하고, 확언하는 연습을 했다. 2월 급여 외추가 소득 50만 원, 3월 100만 원, 5월 200만 원 식이었다. 놀랍게도 매월 목표 달성을 하기 시작했다.

많은 사람이 돈 버는 일과 좋아하는 일 중 무엇을 더 우선해야 하는지 고민한다. 내 대답은 돈 버는 일이다. 개인의 취향이나 역량보다 우선하는 것은 시장성이다. 시장이 너무 작다면 돈을 벌 수 없다. 따라서 좋아하는 일을 지속할 수 없다. 따라서 내가 하고 싶은 것을 가지고, 진입하려는 시장의 크기를 먼저

나는 소유의 삶을 살기로 결심했다

봐야 한다.

현명한 방법은 우선 돈 버는 일을 하는 것이다. 동시에 사이드로 좋아하는 일을 진행하는 것이다. 그렇게 지속하다 보면, 어느 순간 사이드로 시작한 프로젝트가 본업을 뛰어넘는 날이 온다. 그때부터 비로소 우리가 좋아하는 일을 선택할 수 있다. 당장 소득에 기여하지 못하는 모든 업무를 버려야 한다는 의미는 아니다. 예를 들어 책을 쓰는 일은 미래의 기회와 운을 가져올 수 있다. 결국 돈 버는 일과 좋아하는 일 간의 적절한 업무 배분이 핵심이다.

3장

부업에서 사업 관점으로의 전환

직장인이 부의 길로 진입하는 방법은 다양하다. 실제로 월급쟁이 출신의 많은 자산가가 이를 증명한다. 안정적인 월급과 신용 대출을 통해 내가 다니는 회사 자체를 레버리지할 수도 있다. 직장을 다니더라도 투자 마인드를 장착하고 급여 외에 파이프라인을 확보하려는 노력을 지속한다면, 분명 자유를 얻을 수 있을 것이다.

직장인 대부분은 동종 분야 겸업을 할 수 없다. 따라서 N잡은 좋은 전략이다. 다양한 N잡을 시도하며, 회사 밖 기반을 만들 수 있다. 그러나 N잡을 계속 고수하면 한계에 부딪히게 된다. 상방 또한 제한되고, 속도도 느리다. 부업의 가짓수를 더 늘리거나 규모를 키운다면 본업에 영향을 줄 확률이 높다. 시공간이 제한된 상황에서 소득의 상방을 부업으로 돌파해야 한다. 그러나 이것이 아이러니하게도 큰 성장을 제한하는 원인이 되기도 한다. 원씽에 기반한 사업이 부업 10개를 압도할 수도 있다는 사실을 회사를 나온 후 깨달았기 때문이다.

그러나 직장인 신분으로 할 수 있는 최고의 방법은 역시 부업이다. 안정적인 월급을 기반 삼아 더 다양한 시도를 해볼 수 있기 때문이다. 부업의 크기가 회사의 월급을 넘어설 때 우리는 퇴사를 고려할 수 있다. 내가 시도한 부업의 사업성을 공짜로 검증받고 싶다면, 정부 지원 사업을 활용하는 것도 좋은 방법이다. 매년 초 공고가 열리는 예비 창업 패키지와 같은 정부 지원 사업에 지원해보면서 사업 계획서를 써보는 것이다(예비 창업 패키지 지원 자격은 아직 사업자가 없는 예비 창업자가 대상이므로 대부분의 직장인이 도전해볼 수 있다. 만약 이미 기존 사업자가 있다면 초기 창업 패키지, 청년 창업 사관 학교, 강한 소상공인, 신사업 창업 사관 학교와 같은 정부 지원 프로그램이 대안이 될 수 있다). 지원 사업에 선정되면 창업 자금을 확보할 수 있다. 그뿐만 아니라 창업가 멘토링, 교육 프로그램 등 다양한 기회를 얻을 수 있다. 회사를 나와 새로운 시작을 준비하는 직장인에게 정부 지원 사업은 더할 나위 없이 좋은 기회다.

회사를 다니며 지인들과 취미 삼아 시작한 인스타그램 채널로 많은 기회를 얻을 수 있었다. 인스타그램 채널 주제는 '한국 문화와 라이프 스타일을 트렌디하게 전달'하는 것이었다. 우리는 매일 꾸준히 관련 소식을 카드 뉴스로 만들어 인스타그램에 업로드했다. 결국 3개월만에 약 3,000명이 넘는 구독자를 모을 수 있었다. 단기간 확보한 구독자로 MVP 테스트를 통과한 셈이었다. 덕분에 경쟁률이 높다고 소문난 정부 지원 사업 '예비 창업 패키지'에 합격하며 준비된 퇴사를 실행할 수 있었다.

"대표님, 돈 어떻게 버실 거예요?"

"대표님의 진심은 알겠는데, 구체적인 수익화 방안을 제시해주세요."

이렇듯, 가장 집중된 질문은 '우리의 사업 아이디어로 어떻게 그리고 지속적으로 돈을 벌 것인지'에 관한 것이었다. 당시 경험을 통해 모든 부업과 사업과 관련된 아이디어를 비즈니스 모델로 그려보는 습관을 지니게 되었다. 결과적으로 정부 지원 사업에 최종 선정되며, 새로운 도약을 할 수 있는 기반이 완성되었다. 가장 크게 얻은 것은 '할 수 있다'는 자신감이었다. 하나둘씩 비로소 퇴사할 수 있는 기반이 만들어지고 있었다.

나는 소유의 삶을 살기로 결심했다

4장

퇴사는 GOOD에서
GREAT로 가기 위한 선택이다

2023년 6월 여름 어느 날, 기억이 생생하다. 마침내 퇴사라는 단어를 입 밖으로 꺼내는 순간이었다. 얼마나 염원하던 순간인가.

"팀장님. 시간 괜찮으실까요?"

막상 퇴사 면담을 요청하려니 심장이 두근거렸다. 그러나 어차피 넘어야 할 관문이었다. 그렇게 떨리는 마음으로 팀장님께 문자를 보냈다. 이후 퇴사 면담을 진행하니 오히려 마음이 개운했다.

퇴사 결심까지 많은 시간과 용기가 필요했다. 대기업을 나오기 위해서는 기존 월급 이상의 수입을 꾸준히 얻을 수 있는 능력이 필요했다. 그 능력을 갖추기 위해 부단히 노력했던 삶이었다. 특히 퇴사 전 3개월 동안 기존 월급의 두 배 이상을 벌게 되면서 확신을 가질 수 있었다. 정부 지원 사업 합격도 퇴사 생각의 불씨를 지폈다. 주위의 많은 사람이 내게 퇴사 후 무엇을 할 것이냐고 물어봤다. 사실 당시에 구체적으로 어떤 일을 하게 될지는 잘 몰랐다. 그러나 몇 가지 사실은 확실했다. 첫째, 회사에 다니며 남는 시간을 쪼개어 최대한 다양한 시도를 해본 것. 둘째, 소유의 삶을 실행하며, 다양한 자산을 가지게 된 것. 마지막으로 회사 타이틀을 덜어내고, 급여 외 소득을 벌어낼 수 있는 개인으로 성장한 것.

마지막 인사팀 면담을 하고, 퇴직원에 서명하자 퇴사한다는 사실이 이내 실감이 났다. 앞으로 3개월, 6개월 후의 내 미래가 그려지지 않았다. 따라서 두 가지 모순된 감정이 교차했다. 기대보다 성장의 속도가 느릴 수 있다는 생각이 들었다. 그래서 내 일을 한다면, 필연적으로 가져가야 하는 '불안한 감정'과 '두려움'이 첫째였다. 다음으로는 지금보다 훨씬 잘 될 수 있겠다는 생각이었다. 그렇게 '설레임'과 '두근거림'이라는 감정 또한 느꼈다.

누구보다 회사에 진심이었던 직장인이었기에 퇴사는 내 삶에서 큰 의미가 있었다. 우선 GOOD에서 GREAT로 가기 위한 선택이었다. 꾸준히 좋은 개인 고과를 받았다. 그러나 한 단계 더 도약하기 위해 내 지난 기반을 과감하게 버리는 결정을 했다. 7년간 총 4번의 회사 경험을 했으니, 직장 생활은 여기까지만 해도 될 것 같았다.

회사를 나올 생각을 하면 좋은 점이 있다. 역설적으로 기반이 없으므로 좋다. 상방의 제한이 없는 삶을 꿈꿀 수 있기 때문이다. 따라서 틀에 갇힌 사고에서 벗어날 수 있게 된다. 이와 같은 사고는 정말 큰 자산이다. 회사를 나올 결심을 하고, 또 그것을 실행하는 과정에서 무수히 많은 배움을 얻는다. 그중 하나가 파편화된 부업 파이프 라인 형태에서 한 발짝 더 나아가는 것이다. 회사를 나오면, 파편화된 사업 아이디어를 하나의 비즈니스 모델로 만들어내는 것, 그리고 관련된 사람들을 만나 꿈을 꾸는 것, 돈보다 더 큰 가치를 비즈니스 형태로 그려내는 것이 가능해진다.

다음으로 퇴사는 결국 '내가 나로서 살기 위하여' 내린 선택이었다. 오랫동안 꿈꾸어온 자유와 자립을 향한 방향성과도 부합하는 결정이었다. 내가 생각하는 '자립'은 다른 무언가에 의탁하지 않고, 스스로 생존하는 것이다. 나의 신념을 스스로 증명하는 삶이다.

퇴사했다고 완전한 자유를 얻었다고 생각하지 않는다. 궁극적인 자유는 사실 정확히 언제 얻을 수 있을지 모른다. 자유로운 삶을 시도하다가 잠시 또 어딘가에 의탁하는 삶을 살게 될 수도 있다. 그러나 중요한 것은 포기하지 않는 것이다. 그리고 이 길을 묵묵히 걸어가는 것이다. 감사하게도 내 곁에는 좋은 사람들이 함께한다. 인생은 제로섬 게임이 아니며, 함께 성장하고 또 도울 수 있다고 믿는다.

나는 소유의 삶을 살기로 결심했다

5장

동기 부여보다는
삶의 원칙과 가치에 집중하다

광고와 마케팅 관련 업무를 7년간 진행해왔다. 업무에 가장 자신감이 있었을 때는 3~4년 차였던 것으로 기억한다. 업무를 그 누구보다 잘 안다고 우쭐했었다. 그러나 이상하게도 그 이후 연차가 쌓일수록 오히려 그러한 자신감은 내려갔다. 업무 자신감은 쌓이는 마케팅 업력이나 경험에 비례하여 상승하지 않았다. 오히려 더 많은 마케팅 캠페인을 담당할수록 겸손해지는 순간이 많았다. 주변에 실력 좋은 선배나 동료가 더 많이 보이기 시작했고, 늘 부족함을 느꼈다.

마찬가지로 시간이 흘러 투자와 사업 경험치가 쌓이면서 다짐하게 되는 것은 겸손함이었다. 사실 무언가를 오래 경험할수록 더 겸손해지는 방향성이 맞다. 시도의 횟수를 늘릴수록 무조건 성공하지 않기 때문이다. 실패도 많이 경험하게 된다. 그 과정에서 더욱 단단해지고, 실패를 교훈 삼아 더 강해질 수 있다.

올드머니 중에서 "돈을 벌고 지키기가 쉽다"라고 말하는 사람을 잘 보지 못했다. 아마도 위와 같은 맥락에서 부자들도 늘 돈 앞에 겸손한 태도를 유지하는 것이 아닌가 추측해본다. 실제로 스스로 실력을 과신하거나 남 앞에 우쭐했던 투자자들은 이후 자산 하락장에서 사라졌다. 초저금리 시절 "현금은 필요 없다"라고 외치던 사람들도 사라졌다. 올드머니는 코로나 유동성 장에서 보수적이고 고리타분한 투자자로 놀림받았다. 그러나 그들은 확고한 원칙 덕분에 시장에서 살아남을 수 있었다. 뉴머니에게 쉽게 자신들의 자리를 내주지 않았다. 투자나 사업에서 겸손한 태도와 확고한 원칙이 중요한 이유다.

따라서 회사를 나와서 다짐하는 바가 있다. 돈으로 동기 부여를 얻는 방식 즉 '돈기부여'는 지양할 것이다. 대신 삶의 원칙과 본질에 집중하고 싶다. 돈기부여는 분명히 빠른 성장에 도움이 된다. 그러나 회사 밖 홀로서기 과정에서 여러 시행착오를 겪으며 그것만으로는 부족하다는 생각이 들었다. 자본주의 사회를 살아가면서 돈의 속성과 돈 버는 원리는 반드시 배워야한다. 그러나 삶의 목표를 오로지 돈으로만 채우면 안 된다. 돈은 매우 강렬한 자극이다. 성장의 원료가 되어준다. 그러나 돈만으로 채우는 자극은 분명 한계가 있다. 더 멀리 가기 위해서, 그리고 더 위대해지기 위해서는 한 가지가 더 있어야 한다. 정확한 삶의 방향성 그리고 본질에 집중하는 것이다.

본질에 집중하는 연습은 간단하다. 내가 시도하는 사업에서 절대로 타협할 수 없는 가치와 원칙을 떠올려보는 것이다.

커피 전문점	좋은 원두와 커피의 맛
식당	신선한 식재료와 음식의 맛
항공사	승객의 안전

돈을 최우선시하느라 내 비즈니스의 본질을 망각하면, 필히 무너진다. 예를 들어 항공사가 승객의 안전보다 눈앞의 이익을 더 중시한다면 그 결과는 자명하다. 따라서 사업에서 중심이 되어야 하는 것은 돈보다 삶의 원칙과 태도를 지키는 것이다. 눈앞의 이익을 버리더라도 절대로 타협하지 않을 제1원칙을 지키는 것, 당장은 느릴 수 있더라도 그 태도가 결국 더 위대한 개인 그리고 기업을 만들어준다고 믿는다.

삶에서 가장 중요한 원칙과 가치도 흰 종이에 작성해보았다. 돌이켜보면 자유로워지고 싶었다. 자유를 얻는 방법으로 고등학교 때 히말라야를 등정했다. 글로벌 무대로 멋진 커리어를 꿈꾸었다. 그러나 갑작스레 마주한 위기 앞에서 믿었던 나의 세계는 무너졌다. 자본주의 사회에서 경제력이 없다면, 자유조차 없음을 절실히 깨닫는 계기가 되었다. 이후 경제적 자유와 자립을 제1목표로 삼았다. 퇴사를 실행하고, 여러 자산을 소유하고 더 많은 돈을 벌게 되면서 1차 목표를 달성할 수 있었다. 완벽하지는 않지만 그래도 꿈꾸었던 삶 가까이에 와 있다고 믿는다. 열심히 일군 경제적 자립이라는 토대 위에서 내가 할 수 있는 일을 하고 싶다.

지구를 살린다는 창업 원칙을 가진 의류 브랜드 파타고니아는 식품 사업에 진출해서 맥주를 판다. 창업가 이본 쉬나드에게는 "파타고니아는 결코 실패해선 안 된다"는 강한 사명감이 있기 때문이다. 파타고니아 창업자의 행동은 우리에게 큰 영감을 준다. 물질적으로만 풍요로운 삶을 목표로 하지 않는다. 나 역시 힘을 갖춰서 어느 정도 자유로워지면, 할 수 있는 선에서 최선을 다해 사회에 보탬이 되고 싶다.

오늘도 다짐한다. '실패하지 말자고. 그리고 더 강해지자고.' 해야 할 일은 비교적 명확하다. 현재 내가 가진 능력을 더 끌어올리고 더 강한 경제력을 갖추는 것이다.

6장

힘을 덜어내야 멀리 갈 수 있다

퇴사 후 일이 너무 많다며, 정신없이 바쁜 일상을 즐겼다. 감사하게도 퇴사 후 많은 미팅 기회가 주어졌다. 당연히 더 잘하고 싶은 마음이 간절했다.

"에디님, 이 일 한번 해볼래요?"
"네. 해보겠습니다."
"에디님, 이 프로젝트 가능할까요?"
"네. 당연히 가능합니다. 해야죠."

회사 밖에서 주어지는 모든 기회는 일단 다 하겠다고 답했다. 마치 군대를 막 전역하고, 취업을 준비하던 스물일곱 살 때의 내 모습이 오버랩되었다. 열정은 불타올랐고 의욕도 넘쳤다. 하지만 의지를 다졌던 마음과 다르게 앞으로 나아가지 않는다는 기분을 느끼기도 했다. 바로 저항감이다. 그 이유는 무엇일까?

퇴사 후 취미로 시작한 수영에서 그 이유를 찾을 수 있었다. 우선 나는 30년 넘게 제대로 수영을 배워본 적이 없다. 그래도 친구를 잘 둔 덕에 친구표 무료 수영 강습을 받았다. 직장인이지만 취미로 수영 라이프가드를 꿈꾸는 친구는 누가 뭐래도 수영 고수였다.

"힘을 좀 더 빼봐."
"몸에 힘을 빼야 앞으로 더 나아갈 수 있어."

처음이다 보니 몸에 힘이 잔뜩 들어갔다. 나는 어떻게든 물에 빠지지 않기 위해 온갖 힘을 주었다. 그러나 문제는 힘이 들어갔는지 인지조차 못 한다는 사실이었다. 모든 것이 서툴고 어려운데 잘하고 싶은 마음만 잔뜩이었다. 몸에 힘이 들어가는 이유를 곰곰이 생각해보았다. 아무래도 물이 겁나기 때문인 것 같았다. 어떻게든 물에 빠지지 않기 위해서 버텼지만 되려 물 먹

나는 소유의 삶을 살기로 결심했다

기 일쑤였다. 수영 고수 친구에 따르면, 수영 잘하는 비결은 간단했다. 첫째, 현재 내 몸과 마음의 상태를 알아차리는 것. 둘째, 힘을 빼면 자연스럽게 물에 뜰 수 있다는 사실을 믿을 것. 셋째, 자세를 올바르게 교정할 것. 넷째, 연습을 반복할 것. 이후 수영할 때마다 가장 집중한 것은 힘을 덜어내는 연습이었다. 한 달이 넘자 점차 변화가 생겼다. 몸에 잔뜩 주었던 힘이 자연스레 빠졌다. 놀랍게도 몸이 떴다. 하나둘 힘을 빼자 한층 더 자연스러워졌다. 당연히 덜 지쳤다. 더 오래 갈 수 있었다. 아주 신기한 경험이었다. 즉 저항감은 힘을 덜어냄으로써 없앨 수 있었다.

명상을 체험할 기회도 있었다. 50분 정도의 짧은 시간이었지만 그날의 기억은 아직도 명료하다. 선생님이 물었다. "최근 이렇게 아무 생각 없이 쉬었던 적이 있었나요?" 대답을 할 수 없었다. 왜냐하면 정확히 내가 언제 쉬었는지 기억이 가물가물했기 때문이었다. 여행도 자주 다녀왔지만 늘 일을 붙잡고 있었다. 퇴사 후 제곱의 속도로 달리고 또 성과를 내야 한다는 강박에 빠져 있었다. 퇴사 후 더 잘해야 한다는 생각, 더 많은 아웃풋을 이뤄내야 한다는 생각에 사로잡혀 있었다. 그렇게 온몸에 힘을 준 것이었다. 다시 한번 수영장에서 배운 교훈이 떠올랐다. 자연스레 물에 빠질 수도 있는 것인데, 그것을 완강히 거부하니 더 몸에 힘이 들어갔다. 더 잘하고 싶은 마음, 간절한 생각이 앞서다 보니 쉽게 지친 것이다. 결국, 수영장에서 얻은 교훈을 내 삶에도 동일하게 적용해야겠다고 결심했다.

삶에도 그런 순간이 있다. 저항감을 많이 느끼는 순간 말이다. 생각보다 속도가 나지 않고, 몸보다 마음이 앞서는 시간. 몸과 마음에 힘이 잔뜩 들어가서 오히려 깊은 물에 빠지는 것 같은 기분이 그것이다. 아무래도 조급함이 원인일 것이다. 원인을 진단했으니, 이제 나의 자세와 마인드셋을 교정해봐야 했다. 수영처럼 나를 코칭해주는 사람은 없었지만, 이 정도 교정은 스스로 할 수 있었다.

1. 온몸에 힘을 싣는다고 더 빠르게 나아갈 수 없다는 사실을 깨닫는다(인지).
2. 자세와 마인드 셋을 교정해서 최대한 저항을 줄이는 연습을 한다(교정).
3. 설정한 목표 지점을 향해 앞만 보며 나아간다(실행).
4. 1번부터 3번 과정을 무한 반복한다(반복).

이 과정을 반복하자 다시 나아감을 느꼈다. 처음이니까 잘하고 싶은 마음은 당연하다. 그러나 잘하고 싶은 마음이 생길수록 힘을 덜어내야 한다는 사실은 참으로 역설적이다.

회사를 나와 시작한 취미 중 으뜸은 단연 수영이다. 지금도

나는 소유의 삶을 살기로 결심했다

어떻게 나 자신에게 집중할 수 있을지, 언제 숨을 쉬고 내뱉어야 하는지, 얼마나 자주 자세를 확인하면 좋을지 같은 것들을 생각하며 수영을 한다.

더 큰 바다로 나아가기 위한 수영 연습이다.

7장

시련의 이름은 자유다

삶은 단순한 생존 이상의 의미를 지닌다. 인간은 원초적인 본능만으로 살아가는 존재가 아니다. 누구나 자신만의 신념과 꿈, 원칙을 가지고 있다. 때로는 그것을 위해 많은 것을 희생하기도 한다. 어떤 이는 자신의 나라를 되찾기 위해 싸우고, 어떤 이는 인류의 복지를 위해 안정된 일상을 희생한다. 어떤 지도자들은 자신의 이념을 펼치기 위해 다양한 정치 실험을 시도한다. 이처럼 사람마다 가지고 있는 신념과 원칙 그리고 추구하는 가치는 다양하다. 따라서 삶이란 '결국 자신의 신념을 증명하고 실현' 해나가는 여정이다. 신념이나 가치는 주변 사회나 특정 집단의 관점에 따라 달라질 수 있다. 그래도 각자의 삶에서 그 신념은 무척이나 중요하게 다가온다.

'삶이란 나의 신념을 증명하는 과정이다'라는 맥락에서, 우리가 '확증 편향'에 빠지는 것은 어찌 보면 자연스러운 일이다. 우리는 자신의 신념이나 생각에 맞는 정보나 의견에 더 쉽게 공감하게 된다. 특히 행동과 판단의 기준이 되는 준거 집단을 통해 그러한 확증 편향을 더 경험하게 된다. 우리는 본인의 상황과 가장 연관성이 높다고 생각되는 정보에 더 큰 관심을 보인다. 투자에서도 우리의 소유와 지위에 따라 각각 다른 관점을 가지게 되며, 그로 인해 확증 편향에 빠질 수 있다. 이러한 편향은 각자의 자산 소유 현황을 반영한다. 무주택자라면 집값 하락론에 더 귀를 기울이게 될 것이다. 반면, 다주택자라면 집값 상승에 더 관심을 가지게 될 것이다. 이렇듯 자신의 신념이나 믿음에 부합하는 정보만을 선호하는 경향은 우리 모두에게 존재한다.

확증 편향의 함정은 쉽게 벗어나기 어렵다. 그렇기에 더욱 다양한 시각으로 세상을 바라보려는 노력이 필요하다. 그러나 그런 사고방식이 또 반드시 나쁘다고만 할 수는 없다. 특히 투자와 사업에서는 어느 정도의 확증 편향이 도움을 줄 수 있다. 자신만의 전략을 구축하고 이를 일관되게 실행할 수 있기 때문이다. 나 역시 다양한 투자처에 금액을 배분하며 투자한다. 따라서 해당 투자처에 대한 확증 편향적 사고를 할 때도 있다. 그렇지만 이런 사고방식을 통해 다양한 투자와 사업 경험을 얻고자 하는 동기가 생긴다. 투자하지 않으면 그 분야에 대한 지식과 경험은 얕아진다. 추가적인 부수입을 얻고자 하는 동기도 약화된다. 반대로 소유의 삶을 한번 경험하면, 그 경험과 지식은 누적된다. 자본주의 사회에서 성장을 위한 원동력이 된다. 짧은 역사를 지닌 자본주의가 우리 삶에 미치는 영향은 절대적이다. 이 시대에서 주요한 원칙 중 하나는 '좋은 자산을 보유하라'일 것이다.

지난 3년은 투자 공부와 사업 그리고 실행에 초점을 두고 달려온 삶이었다. 이후 급여 외 소득 창출에 중점을 두고 회사 밖 생존 기반을 만들었다. 단 하루도 허투루 시간을 보낸 적이 없었다. 퇴사 직전 6개월 동안은 퇴근 후 도서관이나 스터디 카페로 향했다. 이후 새벽 2시까지 나의 일을 하다가 집으로 돌아가는 식이었다. 루틴을 반복하자 급여 외 소득이 급여를 넘어서는 분기점을 맞이했다. 더 이상 월급에 의존하지 않고도 꿈꿀 수 있는 기반을 만든 것이다.

자본주의 체제 아래에서 소유와 생산의 주체로서 존재하는 것, 그것은 나의 뚜렷한 신념 중 하나이다. 이러한 신념 아래, 외부 환경의 변동성에 휘둘리지 않는 안정적인 경제적 기반을 마련하는 것이다. 그 기반 위에서, 최대한 나의 몫을 다하는 사람이고 싶다.

시련의 이름은 자유다

자유로운 삶은 어려서부터 염원하던 나의 꿈이다. 내게 자유로운 삶의 개념과 의미는 직면했던 상황에 따라 달라졌다. 30대에 생각하는 자유와 자립은 다른 무언가에 의탁하지 않고 스스로 생존하는 것이었다. 하지만 지금은 자신의 신념을 스스로 증명하는 삶을 살고 싶다. 그리고 퇴사하면서 완전한 자유를 얻었다고 생각하지 않는다. 사실 정확하게 언제 자유를 얻을 수 있을지 모른다. 그러나 중요한 것은 포기하지 않는 것, 이 길을 묵묵히 걸어가는 것이라고 생각한다.

어쩌면 살아가면서 완전한 자유를 얻겠다는 것은 유토피아적 발상이다. 그러나 자유를 목표로 하는 방향성은 여전히 중요하다. 자유는 필연적으로 시련과 고통을 동반한다. 나는 여전히 깨지면서 성장 중이다. 퇴사를 했지만 무언가 드라마틱하게 달라진 삶은 없다. 매장 운영 4년 차지만, 여전히 운영에 있어 어려움을 마주한다. 복기해보면, 내 첫 집을 마련했을 때가 가장 기뻤다. 이후 자산을 취득하는 과정에서는 그만큼의 기쁨을 얻지 못했다. 사람은 보통 과거보다 더 큰 자극을 원한다. 이 때문에 목표가 오직 '돈=자극'이 되면 자유로운 삶은 더 멀어질 것이다. 분명한 것은 자유에는 고통이 따른다는 사실을 인지하는 것이다.

《내 시련의 이름은 자유다》의 저자 김호경님은 책에 불우한 가정사로 인해 국내 고등학교를 자퇴하고, 미국으로 건너가 존스홉킨스 병원의 응급 의학 전문의가 되는 과정을 담았다. 그의 화려한 성공 뒤에는 암울했던 시기를 딛고, 피나게 노력한 그의 시련과 고통이 자리해 있다.

그는 말한다. 고통과 자유는 음과 양처럼 반대편에 서 있는 것과 동시에 서로를 포용하는 두 개의 원리라고 말이다. 그리고 자유에 대한 갈망에는 반드시 고통이 따르게 되어 있으며, 고통을 이겨내야만 자유를 얻을 수 있다. 그는 이것을 달리기를 통해서 여실히 깨달았다.

SNS에 등장하는 멋진 사람들은 우리에게, 그들이 직면하는 어려움을 잘 이야기해주지 않는다. 즉 고통 없는 자유만을 말한다. 쉽게 돈 버는 방법을 알려주겠다고 한다. 직장에서 돈 버는 방법이 가장 미련하다고 말한다. 그러나 이와 같은 말만을 믿으며 달리는 사람들은 불행하다. 장거리 러닝을 하더라도, 필히 고통은 수반된다. 고통 끝에 우리는 목적지에 도착할 수 있다. 따라서 자유를 꿈꾸며 걷는 이 길에서 수반되는 고통은 순전히 실행한 자들의 몫이다. 그런데도 이 길을 가야 하는 이유가 있

나는 소유의 삶을 살기로 결심했다

비가 내린 뒤 아름다운 하늘을 만났던 퇴근 길 어느 날의 모습

다. 시련과 고통의 이름이 곧 자유이기 때문이다. 고통과 자유는 양립하는 개념이기 때문이다. 결국 왕도는 없으며, 정도만이 있다. 오히려 이와 같은 사실을 인지한다면, 자유를 향해 내딛는 한 걸음이 그리 고통스럽지는 않을 것이다.

여름 어느 날, 멈추지 않을 기세로 비가 내렸다. 비가 그치자 마치 거짓말처럼 아름다운 하늘이 펼쳐졌다. 해 질 무렵의 노을과 어우러진 몽환적인 하늘이었다. 그렇게 멋지고 예쁜 분홍빛 하늘을 본 것은 꽤 오랜만이었다. 우리가 가는 길에 아름다운 하늘이 함께하길 바란다. 그 과정 중에 또다시 비가 내리겠지만, 그 또한 지나가리라 믿으며 말이다.

마침내 만날 멋진 하늘을 기약하며.

칼라파타르가 중요한 것은 아니야

문득 열아홉에 올랐던 칼라파타르가 기억난다. 길고 길었던 우리 여정의 종착지는 해발 5,550m에 위치한 칼라파타르였다. 칼라파타르는 '검은 돌'이라는 뜻으로, 에베레스트 베이스캠프가 그 근방에 위치한다. 즉 칼라파타르는 누군가에게는 종착지며 누군가에게는 또 다른 시작점이다. 모두 일렬로 늘어서 칼라파타르로 향했다. 해발 4,500m부터는 지구가 아닌 화성 땅을 걷는 기분이었다. 그만큼 주변 환경이 척박했다. 고지대이다 보니, 코로 숨 쉬는 호흡이 불편했다. 태어나서 처음 느껴보는 고통이었다. 함께 하는 동료 대원 여러 명이 고산병 증세를 겪었다. 고산증을 이겨내는 방법에는 여러 가지가 있지만 그중에서 으뜸은 페이스 조절이었다. 절대 무리하지 말고, 힘을 아껴서 정상에 올라야 했다. 한 발 한 발 아주 천천히 발걸음을 옮겼다. 다리가 말을 듣지 않았다. 다리를 움직이고 있지만 감각은 거의 없었다. 한 발짝 내디딜 때마다 마치 10초는 걸리는 것 같았다. 철저하게 나 자신과의 싸움이었다. 포기하고 싶다는 말이 턱까지 차올랐다.

마침내 칼라파타르에 이르렀고, 지구상에서 가장 높은 산 에베레스트가 보였다. 얼마나 염원하던 칼라파타르와 에베레스트였나. 기쁨, 신기함, 대자연에 대한 경외감, 뿌듯함과 같은 감정에 휩싸였다. 특히 에베레스트를 직접 눈으로 마주할 때의 감흥은 말로 표현하기 어려웠다. 6개월이 넘는 지난 대장정이 마무리되는 순간이었다. 원정대에 선발되고, 6차례 국내 산악 훈련을 거쳐 이후 네팔 히말라야에 왔다. 정상에 오르는 내내 육체적, 정신적으로 고통스러웠다. 그러나 고통은 정상을 오르는 자라면 누구나 겪는 것이다. 고통을 감수하면 마침내 정상에 오를 수 있다. 내가 원하는 것은 자유로운 삶이다. '자유는 필연적으로 시련과 고통을 동반한다'는 사실을 히말라야 칼라파타르 등정 경험으로부터 다시금 깨달았다.

칼라파타르를 등정하며 얻은 또 다른 교훈은 결과가 아닌 과정의 중요성이다.

나는 소유의 삶을 살기로 결심했다

'이 풍경을 보기 위해 지난 시간을 달려왔구나.'

정상에 오른 기쁨도 잠시, 이후 느낀 감정은 허무함이었다. 멋진 에베레스트의 감흥도 잠시였고, 엄청난 추위 때문에 '하산하고 싶다'는 생각으로 머릿속이 가득찼다. 이후 3일간 하산한 끝에 다시 출발점으로 돌아올 수 있었다. 멋진 히말라야 풍경은 하산 도중, 어느새 특별한 것이 아닌 일상이 되어갔다.

꿈꾸던 삶이 일상이 된 순간 더 이상 그것은 특별하지 않았다. 염원하던 퇴사를 실행하고 회사 밖에서 삶을 살고 있다. 마침내 바라던 자유를 얻은 것이다. 아무도 내게 출퇴근을 강요하지 않는다. 더 이상 아무도 강제하지 않는다. 꿈꾸던 삶이 일상이 된 것이다.

소유의 삶을 결심 후, 지난 3년간 정말 많은 변화가 있었다. 아파트, 무인 매장, 상업용 건물 소유주임과 동시에 다양한 디지털 플랫폼을 운영하는 사람이 되었다. 블로그와 인스타그램으로 새로운 사람들을 만난다. 학교나 회사에서는 만날 수 없었던 사람들이다. 강의나 강연 활동도 진행한다. 꿈꾸던 퇴사를 실행하고, 기존 월급보다 몇 배 이상의 돈을 벌고 있다. 그러나 아직 원하는 성공을 얻었다고 생각하지는 않는다. 궁극적인 자유를 얻었다고 생각하지도 않는다. 그러나 과거부터 꿈꾸던 삶 그 어딘가에 가까워져 있다고 믿는다. 조금씩 성장하고 있다고 믿는다.

아버지의 투병 소식을 접하며 나 자신이 벼랑 끝에 몰렸다고 생각하던 때가 있었다. 당시 무엇을 해내야겠다는 삶의 의지 또한 없었다. 오직 남은 감정은 절망이었다. 그러나 동시에 '사랑하는 가족을 지키고 싶다', '열심히 삶을 살아내면, 기적을 바랄 수 있지 않을까'라는 생각 또한 들었다. 이후 퇴근 후 매일 밤 늦게까지 공부를 하고, 무인 매장을 운영하면서 느꼈던 것이 있다. 내 안의 뜨거움이었다. 그것은 생의 의지였다. 그리고 그것은 투자 소득이나 자산보다도 더욱 값진 것이었다.

누구나 꿈꾸던 삶을 성취한 순간, 더 이상 그 삶이 특별해지지 않았던 기억이 있을 것이다. 어쩌면 우리가 동경하는 삶을 사는 사람들도 결국 그들에게는 그 삶이 일상이니까 크게 특별하지 않은 것이다. 문득 생각이 스쳤다. 먼 훗날 꿈꾸는 진정한 자유를 얻더라도 그 감흥이 오래가지 않을 수 있겠다는 생각이 들었다. 따라서 '결과보다 그 과정에서 행복과 자유를 느끼는 삶을 살아야겠다'라는 다짐을 했다.

나는 소유의 삶을 살기로 결심했다

부록

변화를 꿈꾸는
당신에게 보내는 편지

1장

내 젊음의 가치는 내가 정한다

퇴사 결심 후, 필사적으로 노력했던 것이 있습니다. 100% 근로 소득에 치우친 소득원을 다변화하는 것이었습니다. 노력 끝에 다양한 급여 외 소득 파이프 라인을 구축할 수 있었습니다. 예를 들면 무인 매장, 월세 소득, 공간 사업, 영어 과외, 블로그 기반 강의와 강연과 같은 것이었죠. 지금부터는 이 중에서 가장 효율이 높았던 파이프 라인에 집중할 계획입니다. 다만 그것은 회사를 나온 후의 플랜이 될 것입니다.

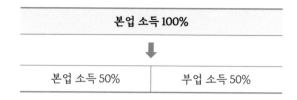

본업 소득 100%	
본업 소득 50%	부업 소득 50%

당장의 소득 창출에 기여하는 사업 영역에 집중하며, 캐시카우 비즈니스를 세팅했습니다. 추후 미래 성장 동력이 되어줄 수 있는 비즈니스 파이프 라인도 설계하고 있습니다. 종이책 출간이 그중 하나입니다. 합격한 정부 지원 사업도 동일한 맥락입니다. 종이책은 제게 무수히 많은 기회를 가져다줄 것입니다. 정부 지원 사업으로 시작하는 스타트업은 제게 소속감을 부여하는 동시에 더 도전할 수 있는 기반이 될 것입니다.

저는 경기도에서 서울 중심부로 출퇴근을 반복했습니다. 왕복 3시간이 넘는 거리지요. 퇴근 후 집에 돌아오면 저녁 8시 가까이 되어 쉬고 싶은 마음이 간절했습니다. 이런 상황 속에서 제가 어떻게 다양한 시도와 빠른 성장을 할 수 있었을까요? 다음과 같은 원칙이 있었기 때문이었습니다.

기억하자.
우리에게는 '젊음'이 있다.
그 '젊음의 가치'는 내가 정한다.

나는 소유의 삶을 살기로 결심했다

지금 제게 주어진 젊음을 충분히 누리는 일은 무엇보다도 '열심히 사는 것'이라 생각했습니다. 내 젊음의 가치를 스스로 한정 짓지 마십시오. 내가 조직에 소속된 구성원이라면, 더욱이 그렇습니다. 조직은 우리에게 "네 젊음의 가치가 이렇다"라며 일명 가스라이팅을 시도합니다. 그것도 지속적으로 말입니다. 이를테면 "네가 할 수 있겠어?", "네가 이 회사 나가면 생존할 수 있겠어?"와 같은 것들입니다.

내게 주어진 한 달의 가치는 월 몇백만 원이 아니라 무한하다고 생각합시다. 당장 회사를 나오자는 것이 아니라, 늘 '내 가치가 무한하다', '상방이 열려 있다'라고 생각하자는 것입니다. 저는 올해 제 젊음의 가치를 계산해보면서 한 번 더 도약할 수 있었습니다. 이 글을 보시는 분들께서 동기 부여와 자극을 받으셨다면, 이제는 '깨달음'에서 '지속'의 영역으로 이동할 차례입니다.

솔직히 말해서 '월급쟁이 부자'는 없습니다. 곰곰이 생각해보면 '내가 급여 외 소득으로 월 200~300만 원을 번다면?', '그와 같은 소득 창출 능력이 미래에도 지속될 것이라고 예상된다면?' 저라도 회사를 못 나올 것 같습니다. 월 500만 원을 벌어도 마찬가지일 것입니다. 그러나 예를 들어서 기존 급여 대비 몇 배의 소득을, 그것도 지속적으로 창출할 수 있는 능력이 내게 주어진다면, 어떨까요? 저라면 회사를 그만둘 것 같습니다. 하루 8~12시간, 나의 시간과 젊음이 특정 어딘가에 묶여 있는 삶을 선택하지는 않을 듯합니다. 다만 소속감이나 명예가 중요해서, 혹은 다른 이유 때문에 회사에 남기를 원하는 분들의 선택 또한 존중합니다. 삶에는 선택이 있을 뿐 정답은 없습니다. 저는 제 신념을 스스로 증명하기 위해 다만 살아갈 뿐입니다.

저는 과거 회사를 잘 다니고 있었습니다. 여러 모로 GOOD인 상태였습니다. 동료들과의 관계도 좋은 편이었고, 친한 사람도 많았습니다. 정서적으로도 편안했습니다. 그렇게 좋은 사람들과 함께한다는 사실에 감사했습니다. 평가도 항상 A 이상을 받았습니다. 하지만 다음과 같은 상황이 이루어진다면 회사를 떠날 것이라고 다짐했습니다.

- 소득 상방이 무한히 열려 있다는 사실을 인지한다.
- 그 방법론을 알고, 또 실행하고 있다.
- 나의 가치와 소득은 지속적으로 상승한다.
- 나의 방향성에 공감하고 응원해주는 사람들을 만난다.
- 기존 명함을 대체할 소속감을 찾는다.

그리고 현재, 이 다섯 가지의 답을 알고 있습니다.

2장

축적의 삶에 기여하는 시도를 하라

월급받는 직장인은 장단점을 동시에 가지고 있습니다. 급여 소득은 내 시간과 자유를 헌납한 대가로 받는 돈입니다. 따라서 시공간의 자유가 제한됩니다. 이것은 분명한 단점입니다. 주 5일, 직장 일을 하고 집에 돌아오면 피곤해서 아무것도 안 하고 싶습니다. 그러나 장점도 있습니다. 안정적인 월급에 기반하여 예측할 수 있는 삶을 꿈꿀 수 있습니다. 누군가는 안정감에 기반하여 안주하는 삶을 선택합니다. 그러나 변화를 결심했다면 안정감을 에너지 삼아 나의 일 또한 시작해보자고 제안하고 싶습니다.

본업 외 소득 창출 업무와 투자 공부를 위한 시간 확보가 우리에게 절대적으로 중요합니다. 하지만 정말로 본업 일에 치여서 시간이 없는 때도 있습니다. 그 본업이 내게 축적의 기술을 가져다주는 것이 아니라면, 이직이나 부서 이동을 진지하게 검토해보십시오. 혹은 야근을 너무 많이 한다거나 야근을 많이해서 가끔씩 성취감을 느낀다면 이 또한 달리 생각해봐야 합니다. 야근하는 것도 습관일 수 있습니다. 성취감마저 느낀다면 도파민 자극을 야근에서 얻을 가능성이 큽니다. 회사 일에 몰입하면 몰입할수록, 경제적 독립은 멀어질 수 있다고 생각합니다.

결국 본업이 있는 직장인이 경제적 자유를 결심했다면, 일주일에 1번만 쉬는 것이 방법입니다. 퇴근 후, 일정 시간 동안은 마찬가지로 나의 일을 해야 합니다. 회사에 다니지 않는 사람과 비교하면, 출발선도 다르고 속도도 늦습니다. 따라서 초반부에는 인풋을 더 넣는 방법밖에 없습니다. 다음 다섯 가지 시간대 범주에서 새로운 시도를 해볼 수 있습니다.

- 출근 전 아침 시간
- 출퇴근 시간
- 점심 시간
- 퇴근 후 저녁 시간

- 주말

  직장인에게 시간은 귀합니다. 아무리 생각해도 새로운 시도를 하고 싶다면, 위 다섯 가지 시간대를 모두 활용하거나 일부를 최대치로 활용하는 방법밖에 없습니다. 그렇다면 열심히만 하는 것이 정답일까요?

  회사에 다니며 참 다양한 시도를 했습니다. 수많은 시행착오를 통해 얻은 한 가지 결론이 있습니다. 열심히 하는 것만이 정답은 아니라는 것이죠. 따라서 무언가 내 모든 에너지를 태워 열심히 해야겠다고 결심이 섰다면, 그것이 궁극적으로 옳은 방향성인지 재고해봐야 합니다. 즉 각각의 시도가 내 삶에 어떻게 조각을 더하는지 생각해야 합니다.

  제가 생각하는 정답은 축적의 삶에 기여하는 시도를 여러 번 하는 것입니다. 예를 들어보겠습니다. 부업으로 퇴근 후 배달이나 단순 아르바이트를 구한다면, 열심히 사는 것은 맞지만 그것이 축적의 삶에 명확히 이바지한다고 보기는 어렵습니다. 단순 부업은 타인으로 쉽게 대체될 수 있다는 단점도 있습니다. 따라서 성과를 내기까지 시간이 조금 걸리더라도 축적의 삶에 기여하는 시도를 해야 합니다. 블로그 글쓰기나 퇴근 후 운동하는 것은 당장 소득에 기여하는 행동은 아닙니다. 그러나 중장기적으로 내 가치가 더 빛날 수 있는 일입니다. '축적의 기술'을 기준점에 두면 더 나은 선택을 할 수 있습니다. 단기적으로 소득에 기여할 수 있는 활동도 단순 아르바이트보다는 다른 일들을 찾아보게 됩니다. 인스타그램이나 블로그로 간단한 모임 수익화를 시도해볼 수 있습니다. 유튜브를 시작해서 광고 협찬을 받아보거나 네이버 스마트 스토어로 작게라도 유통 사업에 도전해볼 수도 있습니다. 부동산과 사업을 결합해 오프라인 사업을 시도해보는 등 여러 가지 방법이 있을 것입니다.

　돈을 버는 방법은 사실 많습니다. 그러나 단순 노동이나 아르바이트가 아닌 축적의 삶에 도움이 될 수 있는 일로 시작해보십시오. 그렇게 단 10만 원이라도 직장 명함이 아닌 스스로 주체가 되어 돈을 벌어봤다는 경험을 얻는 것이 더 중요합니다. 그렇다면 다음 스텝으로 나아가는 것은 어렵지 않습니다.

나는 소유의 삶을 살기로 결심했다

3장

직장인이 실행력을 높이기 위해서 필요한 네 가지 지침

많은 분이 제게 질문하는 주제는 '실행력'입니다. 대체로 '어떻게 직장인 신분으로 실행력을 높일 수 있었느냐'는 질문이 많습니다. 변화하기로 결심했지만, 직장인인 우리가 실행할 수 없는 이유는 무엇일까요?

GOOD인 상태에 안주하지 말기

✦

매일 퇴사하고 싶은 우리에게 찾아오는 유혹이 있습니다.

매달 주어지는 월급의 달콤함입니다. 특히 추석이나 설 연휴 때 어디 놀러 갈지 생각부터 하지 않나요? 우리를 움직이는 변화는 '절실함'에 기반합니다. 어쩌면 내가 수많은 강의를 듣고, 자기 계발서를 읽어도 움직이지 않는다면, '이미 내 상황이 충분히 GOOD인 상황이구나'라고 생각하면 됩니다. 지금의 상태가 GOOD이기 때문에 GREAT, NEXT로 가지 못하는 것입니다. 체계를 갖춘 기업일수록, 구성원의 이탈을 방지하기 위한 다양한 시스템이 갖추어져 있습니다. 정기적인 교육, 복지, 환경 세팅 등을 통해서 구성원을 통제합니다. 회사를 오래 다닐수록 이러한 환경에 익숙해질 수밖에 없습니다.

소유의 삶을 살기로 결심하기

✦

극적인 변화를 꿈꾼다면, 소유의 삶을 결심해보십시오. 부동산과 같은 유형 자산도 좋고, 소셜 미디어와 같은 무형 자산도 좋습니다. 중요한 것은 더 이상 '소비'가 아닌 '생산'의 관점으로 세상을 바라보자는 것입니다. 자산을 소유하면 평범한 직장인에서 자산가로 관점을 바꿀 수 있습니다. 특히 적절한 레버리지를 활용해 부동산을 소유할 경우, 더 많은 소득을 창출해야 할 동기 요인이 생깁니다. 주택 담보 대출을 활용해서

나는 소유의 삶을 살기로 결심했다

내 집을 마련했다면, 매월 은행에 저축하는 대신, 내 집에 넣는다고 생각해봅시다. 그리고 연간 납부한 이자는 추후 커다란 시세 차익으로 상쇄되고도 남을 것입니다.

필사적으로 시간을 확보하기

✦

패스트트랙아시아의 박지웅 대표는 "누가 더 많은 시간을 투입하느냐, 누가 더 일을 많이 하느냐로 승패가 갈린다"라고 말합니다. 즉 변화를 결심 후, 실행하고 싶다면, 필사적으로 시간을 확보하고, 더 많은 시간을 투입할 수 있어야 합니다. 월요일부터 금요일까지 하루 최소 10시간은 '직장 일=남의 일'을 합니다. 직장 일은 제 일이기도 하지만 본질적으로 남의 일입니다. 따라서 우선 나의 일을 할 수 있는 시간이 필요합니다. 홀로서기를 할 수 있는 기반을 만들기 위해서입니다. 다시 한번 강조하지만 이를 위해 우리는 '충분한 시간'을 확보해야 하고, 그만큼의 '노력'을 투입해야 합니다.

집중할 수 있는 환경을 세팅하기

✦

《레버리지》의 저자 롭 무어가 강조하는 것은 환경 세팅입니다. 우리의 의지력은 믿을 것이 못 되므로 습관을 만들어줄 시스템을 구축하는 것이 중요하다는 것입니다. 즉 나를 믿지 않고, 내가 세팅한 환경을 믿는 것이 중요합니다. 회사 일을 떠나 자신의 일에 집중할 수 있는 환경을 만들고 거기에서 자신의 계획을 실행하는 것이 필요합니다.

사실 왕도는 없습니다. 꾸준히 하는 것만이 정답입니다. 다만 자신 있게 드릴 수 있는 말씀이 있습니다. 우리가 무언가를 꾸준히 할수록, 그 지식과 경험이 축적된다는 것이지요. 즉 처음에는 어렵고 시간이 오래 걸리지만, 2번째, 3번째 시도에서는 더 빠르게 일을 진행하는 힘이 생긴다는 것입니다. 그 힘을 믿고 오늘 하루도 열심히 살아야겠다고 다짐해봅니다.

4장

용기를 얻는 법은
용기를 주는 사람을 만나는 것이다

저는 역사 공부를 참 좋아합니다. 지난 역사를 공부하며 제현 상황에 대입해보고 전략도 세워봅니다. 당시 역사 속 위인이 내 상황이라면 어떻게 했을지 상상도 해봅니다. 최근 넷플릭스 다큐멘터리 〈오스만 제국의 꿈〉을 재밌게 봤습니다. 오스만 제국의 젊은 술탄과 동로마 제국의 연륜 있는 황제 간의 대결을 재미있게 그려냈습니다. 오스만 제국의 젊은 술탄, 나이는 고작 21살입니다. 1,000년간 함락된 적 없는 콘스탄티노플을 점령하겠다는 술탄의 계획을 들은 관료들이 모두 반대합니다. 나이가 지긋한 관료들이 생각했을 때 술탄의 계획은 정신 나간 생각이었을 것입니다. 다만 정신적 지주였던 양어머니 혼자만이 술탄의 결정을 지지해줍니다. 젊은 술탄의 꿈을 누군가는 비웃었지만, 누군가는 변함없는 지지와 응원을 보냈습니다. 그 응원의 힘을 바탕으로 술탄은 콘스탄티노플 점령에 성공하며 새로운 역사를 쓰게 됩니다. 이 일화에서 저는 용기를 얻는 법을 배웠습니다. 매우 당연한 사실일 테지만, 용기를 얻는 법은 용기를 주는 사람을 가까이하는 것입니다.

누군가에게 조언을 구할 때 지키는 제 원칙이 있습니다. 특정 방향성을 향해 나아가기로 결심했다면, 이미 그 길을 걷고 있는 사람들로부터 조언을 얻는 것입니다. 그 길을 경험하지 않은 사람들이 하는 조언은 패스해도 됩니다. 예를 들어 내가 사업을 하고 싶다면, 사업을 하는 사람에게 조언과 경험을 구해야 합니다. 회사에 다니고 싶다면 여러 회사를 경험해본 사람에게 조언을 구하는 것이 맞습니다. 사업을 하고 싶은데 직장을 다니는 회사 선배나 동료에게 조언을 구하는 것은 하책(下策)입니다. 그들 또한 그 세계를 직접 경험해보지 않았기 때문입니다.

회사를 나오고 싶어 밖에서 홀로서기에 성공한 대표님들을 만났습니다. 그분들께서 제게 늘 해주신 말씀은 "생각보다 사업 쉽다", "돈 버는 것 어렵지 않다", "에디님은 회사 나와도 정말 잘 될 것 같다"와 같은 것이었습니다. 특히 회사원보

나는 소유의 삶을 살기로 결심했다

다 게으르게 살지만, 더 자유롭게 더 많은 돈을 버는 대표님들을 보며 놀라기도 했지요. 누군가는 회사 밖이 지옥이라고 하지만, 또 누군가는 회사 밖에서 천국처럼 사는 사람들도 있었습니다. 결국 삶은 마음 먹기 나름이라는 생각이 들었습니다. 나의 의지를 믿지 말고 환경을 믿는다면, 나의 선택을 응원하고 지지해줄 수 있는 사람들로 주변을 채운다면, 흔들리지 않고 더욱 내 선택을 믿고 나아갈 수 있을 것입니다.

소유의 삶은 쉽지 않습니다. 어렵습니다. 주변에서는 끊임없이 나를 약하게 만드는 말을 합니다. "그만하면 되었다." "왜 그렇게까지 사느냐." 물론 일리가 있는 조언이지만, 변화를 결심한 우리는 가끔 이런 말들에 초연할 필요가 있습니다. 누군가 제게 "너무 열심히 살지 마라. 젊음이 아깝다"라고 조언을 건넨 적이 있습니다. 그러나 저는 반대로 무언가 목표를 향해 최선을 다해냈던 그 시간을 가장 빛나는 순간으로 기억합니다. 젊음은 '무언가를 열심히 할 때' 가장 반짝입니다. 세상이나 환경을 탓하기보다 주어진 젊음을 가지고 이 순간을 최선을 다해서 살아내는 것이 제가 할 일입니다.

가장 좋은 방법은 마찬가지로 그와 같은 삶을 살아가는 사람들을 가까이하는 것입니다. 혼자서 이 길을 가는 것도 좋지만, 마음에 맞는 사람들과 함께 그 길을 걸어간다면, 우리는 더 멀리 갈 수 있습니다,

5장

좋아하는 일보다 돈 버는 일을 하라

〰

대학 졸업 후 확립한 삶의 원칙 중 하나는 스스로 생존하는 것입니다. 《돈의 속성》의 저자 김승호 회장 또한 이를 강조했습니다. 이 세상에서 혼자 스스로 존재해서 살아남을 수 있다는 것을 증명하는 것이 먼저라는 것입니다. 좋아하는 것보다 돈 버는 일을 해야 하며, 이를 통해 자신 스스로가 존재해야 합니다. 그런 다음 자신의 일을 해야 합니다.

20대 초중반, 저는 많은 시간을 '내가 좋아하는 것'과 '가슴이 뛰는 일'이 무엇일지 고민하며 살아왔습니다. 그러나 이후 삶에서 몇 차례 위기를 겪으면서 모든 생각이 송두리째 변화하는 과정을 겪었습니다. '경제적 자립' 없이는 꿈조차 꿀 수 없다는 사실을 말입니다. 꿈을 꾸는 것도 좋지만, 그 전에 탄탄한 경제적 기반을 마련하는 것이 우선이었습니다. 따라서 대기업 생활 4년 차부터는 모든 역량과 에너지를 그 기반을 만드는 일에 쏟아부었습니다. 지난 3년간의 실험 결과, 재능이 많지 않은 평범한 사람이 경제적 자유를 얻기 위한 단계는 다음과 같음을 알게 되었습니다.

1단계	2단계	3단계	4단계
취업 및 시드머니 마련	투자 공부 및 실행	급여 외 파이프 라인 구축	퇴사 및 사업

1단계로 원하는 기업에 취업했습니다. 첫 시작이 대기업이었던 것은 아닙니다. 우선 돈을 벌기 위해서 외국계 계약직 인턴으로 시작했습니다. 계약직 인턴 생활을 하면서, 퇴근 후에는 자소서와 인적성 준비를 한 끝에 대기업 정규직에 합격했습니다. 2단계로 투자 공부와 실행을 반복했습니다. 특히 자본주의 원리나 경제 관련 서적을 보면서 투자의 기본기를 다졌습니다. 이후 레버리지를 활용해서 내 집 마련을 하면서 부의 관점을 획득했습니다. 특히 다양하게 경험한 부동산 투자를 통해 자산가의 관점을 가질 수 있었습니다. 크고 작은 투자

를 통해서 머지 않은 미래에 '건물주의 꿈을 이룰 수 있다'는 확신을 가지게 되었습니다. 3단계로 급여 외 파이프 라인을 확장했습니다. 매월 급여 소득이 주는 안정감을 기반 삼아 새로운 시도의 횟수를 늘렸습니다. 이후 직장에 다니며 다양한 정부 지원 사업에 도전했습니다. 수없이 사업 계획서를 수정하고 작성하는 과정에서 다음과 같은 인사이트를 얻었습니다.

- 파편화된 생각에서 비즈니스 모델 구조화 생각으로 전환하기
- 장사의 관점에서 시스템화할 수 있는 사업가의 관점으로 전환하기
- 모든 생각을 '사업화', '도식화'할 수 있는 능력을 갖추기

결국 퇴사를 실행할 수 있었습니다. 급여 외 소득이 급여를 넘는 시점에 말입니다. 꿈꿔왔던 자유로운 삶에 한 단계 더 나아간 것입니다.

그렇다면 취업 준비생과 직장인에게 당장 필요한 과제는 무엇일까요? 취업 준비생이라면 우선 회사에 들어가야 합니다. 모두가 꿈꾸는 회사라면 좋겠지요. 그러나 반드시 첫 시작이 '대기업'일 필요는 없습니다. 왜냐하면 우선은 스스로 돈을 버는 것이 중요하기 때문입니다. 사회 선배들은 보통 이런 조

언을 합니다. "첫 시작이 중요하니까 시간이 조금 더 걸리더라도 일은 대기업에서 시작해야 해." 반은 맞고 반은 틀립니다. '커리어' 자체를 놓고 보면 맞는 말일 수 있습니다. 그러나 삶이 그렇게 간단하지 않습니다. 대기업에서 사회 생활을 시작하더라도 안주하면 도태됩니다. 작은 회사에서 시작하더라도 노력한다면 더 잘 될 수 있습니다. 계약직이나 작은 회사에서 기회가 주어진다면 시작해야 합니다. 그러면서 그 다음 스텝을 준비해야 합니다. 그리고 무엇보다, 길어지는 '취업 준비 생활'은 인생의 낭비입니다.

취업만을 준비했던 시기가 있었습니다. 4개월 정도의 시간이었지만, 그 시간이 참으로 아깝더군요. 자소서와 인적성 문제 풀이 등에 쏟는 시간이요. 그것들은 우리의 삶에서 필요한 지식이 아닐뿐더러 실제 회사 업무에도 적용할 수 없습니다. 따라서 인생에서 낭비되는 시간을 최대한 줄여야 합니다. 우선 취업하여 돈을 벌면서 그 다음을 준비하는 것이 더 현명한 방법입니다.

직장인이라면, 이미 취업의 관문을 넘었기 때문에, 먹고 사는 문제는 해결했습니다. 그러나 매달 주어지는 월급의 달콤함을 벗어나기가 어렵습니다. 퇴근 후에는 유튜브 쇼츠를 보며 주말만을 기다리는 삶이 이어집니다. 자연스레 다음 스텝을 위한 시간을 확보할 수 없습니다. 회사에 들어오기까지 정말 치열하게 준비했지만, 그것이 끝이었습니다. '이직'이라는 옵션이 있지만, 여전히 수입의 100%가 근로 소득에 기반한다는 근본적인 문제가 있습니다. 따라서 회사 명함과 직함을 제외하고, 돈 벌 수 있는 나의 무기를 생각해봐야 합니다. 당장 퇴사하지 않더라도, 훗날 독립을 위한 준비는 지금부터 시작해야 합니다. 당장은 어려운 그 선택이 우리에게 결국은 자유를 가져다줄 것입니다.

변화하기 위해서 노력 중이신가요? 내가 얼마나 간절하고 또 그것을 원하는지 확인하는 방법이 있습니다. 현재 나의 마음이 '욕심'인지 '원'인지 먼저 인지하는 것입니다. '욕심'은 아무것도 하지 않으면서 바라는 것만 많은 것이기에 삶이 괴롭습니다. 하지만 '원'은 꿈 그 자체이며, 노력해서 가는 과정 자체가 즐겁습니다. 내가 진짜로 원하는 삶으로 갈 수 있는 과정이기 때문입니다.

변화를 결심 후 언젠가부터 퇴근 후 책상에 앉아 공부하고, 글 쓰는 삶을 살아오고 있습니다. 이 과정이 괴롭다고 느껴지거나 혹은 그렇게 생각되는 순간이 온다면, 제 현재 마음 상태는 '욕심'으로 가득 차 있는 것입니다. 그 상태를 인지하면, 투자나 사업에 관한 더 많은 생각은 접을 것입니다. 아직까지는 피곤하더라도, 자유를 얻기 위해 노력하는 지금 이 순간이 참 즐겁습니다. 따라서 제가 진짜 원하는 삶입니다.

　　　　　　　　　　　나는 소유의 삶을 살기로 결심했다

회사를 다니면서 그 다음을 준비하는 과정이 괴롭다면, 혹은 취업 준비를 하는 과정이 행복하지 않다면, 시험 공부를 하는 지금 이 순간이 힘들다면, 그것은 '욕심'을 내고 있기 때문입니다. 내게 행복이 아니라 불행감을 안겨주는 것이라면 빠르게 그 일을 접고 '오늘'을 더 행복하게 사는 삶에 집중하시는 것이 좋겠습니다. 왜냐하면 삶은 선택의 결과값이고, 그것 또한 나름대로 좋은 삶이기 때문입니다.

6장

주변의 걱정과 소음에
흔들리지 말라

사람은 본능상 편한 삶을 추구합니다. 사실 당연하지요. 편한 삶을 추구하려는 태도가 잘못된 것도 아닙니다. 삶에 정답은 없습니다. 선택만 있을 뿐이죠. 저 또한 선택했고, 그 선택이 옳았음을 자신에게 증명하기 위해 열심히 살고 있습니다.

자수성가해서 부를 쌓은 사람 중 다수가 가난을 경험했다고 말합니다. 가난이 끔찍해서 변화를 결심했다고 말합니다. 결국 그들에게는 '절실함'이 있었습니다. 반드시 내 삶을 바꿔보고 싶다는 감정 말입니다. 내면의 '절실함'을 '열정'의 재료로 쓸 수 있다면 결핍이나 절실함은 정말 좋은 감정이 될 수

나는 소유의 삶을 살기로 결심했다

있습니다.

사회 생활을 시작하던 2017~2018년 당시 유행했던 키워드가 있었습니다. '소확행', 'YOLO'와 같은 것들이었습니다. 자산 가격은 조금씩 상승했고, 폭등하지 않았기에 많은 이들이 눈치채지 못했습니다. 따라서 당시에는 '돈' 보다 '커리어', '나의 성장', '취향'과 같은 키워드가 더 유행이었습니다. 지나고 나서 '그때 자본주의 공부도 함께 시작했으면 얼마나 좋았을까'라는 생각을 해봅니다. 그러나 과거는 돌이킬 수 없습니다. 당시 저는 '커리어'와 '취향'을 선택했습니다. 덕분에 큰 돈을 모으지는 못했으나, 이른바 '경험 자산'을 많이 쌓을 수 있었습니다. 그 덕에 지금도 이렇게 퇴사 후에 먹고살 수 있는 것 같기도 합니다.

어쩌면 현 상황이 과거 제가 사회 생활을 시작하던 당시와 비슷하다는 생각이 들었습니다. 코로나 시기 자산 폭등장을 지나서 2022년부터 힘든 시기가 이어졌습니다. 지쳐서 시장을 이탈하는 사람들이 많아졌습니다. 사람들은 '경제적 자유', '부자되는 방법'과 같은 대화의 주제가 지겹다고 말합니다. 그러나 더 무서운 것은 우리가 변화 이전의 삶으로 회귀하는 것입니다. 시장에 관심을 계속 두고 있었다면 하락장에서도 나름대로 계속 기회를 만들 수 있었을 것입니다. 따라서 변화를 결심했다면, 시장을 떠나지 않는 것이 중요합니다.

시장을 이탈하지 않고, 기회를 잡는 방법은 무엇일까요? 아무리 생각해도 일단 소유하는 것입니다. 물론 감당할 수 있는 선에서 소유하는 것이 중요합니다. 조급한 마음을 내어 자산을 소유하려 하면, 실수할 수 있기 때문입니다. 작은 실수는 경험이 될 수 있지만, 큰 실수를 하게 되면 시장에서 이탈하게 됩니다. 완벽한 바닥에서 우량 자산을 매수해야겠다는 마음도 내려두는 것이 좋겠습니다. 쉬운 일이 아니니까요. 무리하지 않는 선에서 일단 소유를 시작했다면, 우리는 계속해서 시장에 남아 공부할 수 있습니다. 계속 타석에 서서 기회를 노릴 수 있습니다. 소유한 자산을 지킬 수 있는 그릇을 키우는 일도 중요합니다. 보유한 자산을 지킨다는 것은 생각만큼 쉬운 일이 아닙니다.

서른 살, 첫 집 마련 이후 열심히 투자 공부와 실행을 반복하고 있습니다. 투자와 사업을 시도하다 보면, 시간이 흐르며 늘 새로운 문제에 직면합니다. 그러나 여전히 소유의 삶을 살고 싶습니다. 결국 문제는 해결되기 마련이고, 그 과정에서 제가 한층 더 성장하기 때문입니다. 시도의 횟수를 늘려서 계속 도전하면서 제가 가진 '탁월함'을 발견하고, 그것에 집중할 수 있기 때문입니다. 성장 후 또 다른 새로운 세계가 펼쳐지기 때문입니다.

'직장인'이라는 단 하나의 정체성을 선택해서 살아간다면,

나는 소유의 삶을 살기로 결심했다

어쩌면 현재의 삶은 조금 더 수월할 수 있습니다. 임차인으로만 살아가는 선택을 한다면, 당장 취득세, 잔금, 보유세 등 이슈를 걱정하지 않아도 됩니다. 소비자로만 살아간다면, 역시나 생산자가 겪는 어려움은 이해할 수 없을 것입니다. 다만 어려운 선택을 회피한다면, 삶의 변화 또한 없을 것입니다.

따라서 이미 소유의 삶을 결심했다면, 주변의 걱정과 소음에 흔들리지 마십시오. 직면하는 어려움에도 익숙해져야 합니다. 문제가 생길 때마다 그에 대응되는 해결책을 떠올리며 다시 한번 성장할 것입니다. 각오와 결심이 섰다면, 지금 움직여야 합니다.

나는 소유의 삶을 살기로 결심했다

초판 1쇄 발행 2025년 2월 7일

지은이   에디

펴낸이   김준성
펴낸곳   책세상
등록   1975년 5월 21일 제2017-000926호
주소   서울시 마포구 월드컵로23길 38, 2층(04011)
전화   02-704-1251
팩스   02-719-1258
이메일   editor@chaeksesang.com
광고·제휴 문의   creator@chaeksesang.com
홈페이지   chaeksesang.com
페이스북   /chaeksesang   트위터 @chaeksesang
인스타그램   @chaeksesang   네이버포스트 bkworldpub

ISBN 979-11-7131-153-8 (03320)